J. C. Ryle

UM JOVEM SEGUNDO O CORAÇÃO DE DEUS

ORIENTAÇÕES PARA UMA VIDA DE FÉ

Penkal
TUDO EM LIVROS, LIVROS PARA TODOS.

Esta obra foi desenvolvida pela Editora Penkal.

Todas as citações bíblicas presentes nesta obra estão presentes na versão
NVI - Nova Versão Internacional.

Direção	Adriel Penkal Ribeiro
Preparação	Editora Penkal
Revisão teológica	Editora Penkal
Projeto gráfico& Diagramação	Felippe Souza
Capa	Maria Eduarda Marques

ISBN: 978-65-277-0079-1

R. Antônio Sabino, 203 - Parque Industrial - Ibiporã - PR
www.livrariasfamiliacrista.com.br

J. C. Ryle

UM JOVEM SEGUNDO O CORAÇÃO DE DEUS

ORIENTAÇÕES PARA UMA VIDA DE FÉ

SUMÁRIO

ADVERTÊNCIAS AOS JOVENS: HONRANDO A DEUS COM DECISÕES SÁBIAS

Quando o Apóstolo Paulo escreveu a sua Epístola a Tito sobre a sua responsabilidade como ministro, mencionou os jovens como um grupo que requer uma atenção especial. Depois de falar dos homens mais velhos, das mulheres mais velhas e das mulheres jovens, acrescenta o seguinte conselho: "Exorta semelhantemente os jovens a que sejam moderados" (Tito 2.6). Vou seguir o conselho do Apóstolo. Proponho-me oferecer algumas palavras de exortação amiga aos jovens.

Eu próprio estou a envelhecer, mas há poucas coisas de que me lembre tão bem como os dias da minha juventude. Tenho uma recordação muito nítida das alegrias e tristezas, das esperanças e dos medos, das tentações e das dificuldades, dos julgamentos errados e dos afetos deslocados, dos erros e das aspirações, que rodeiam e acompanham a vida de um jovem. Se eu puder dizer algo para manter algum jovem no caminho certo e preservá-lo de falhas e pecados, que podem prejudicar suas perspectivas tanto para o tempo quanto para a eternidade, ficarei muito grato. Há quatro coisas que me proponho a fazer:

I. Mencionarei algumas razões gerais pelas quais os jovens precisam ser exortados.

II. Vou mencionar alguns perigos especiais sobre os quais os jovens precisam ser advertidos.

III. Darei alguns conselhos gerais que peço aos jovens que recebam.

IV. Estabelecerei algumas regras de conduta especiais que aconselho vivamente os jovens a seguirem. Em cada um destes quatro pontos tenho algo a dizer, e peço a Deus que o que vou dizer possa fazer bem a alguma alma.

1.

RAZÕES PARA EXORTAR OS JOVENS

Quais são as razões gerais pelas quais os jovens precisam de uma exortação específica? Mencionarei várias delas, por ordem.

(1) Em primeiro lugar, há o fato doloroso de que há poucos jovens em qualquer lugar que parecem ser cristãos.

Falo sem respeito pelas pessoas; digo-o de todos. Ricos ou pobres, gentis ou rudes, educados ou sem educação, na cidade ou no campo — não faz diferença. Estremeço ao pensar quão poucos jovens são guiados pelo Espírito, quão poucos estão no caminho estreito que conduz à vida, quão poucos estão a colocar os seus afetos nas coisas de cima, quão poucos estão a tomar a cruz e a seguir Cristo. Digo tudo isto com tristeza, mas creio, aos olhos de Deus, que não estou a dizer mais do que a verdade.

Jovens, vós formais uma classe grande e muito importante na população deste país; mas onde, e em que condição, estão as vossas almas? Independentemente de onde nos voltemos para obter uma resposta, o relatório será um e o mesmo! Perguntemos a qualquer ministro fiel do evangelho e observemos o que ele nos dirá. Quantos jovens solteiros ele consegue lembrar que vêm à Ceia do Senhor? Quem são os mais atrasados em relação às doutrinas da salvação, os mais irregulares em relação aos cultos dominicais, os mais difíceis de atrair para os estudos bíblicos semanais e reuniões de oração, os mais desatentos ao que quer que esteja a ser pregado? Qual é a parte da sua congregação que o enche de mais ansiedade? Quem são os Reúbens por quem ele tem as mais profundas "buscas no coração"? Quem, no seu rebanho, é mais difícil de gerir, quem requer avisos e repreensões mais frequentes, quem lhe causa maior inquietação e tristeza, quem o mantém mais constantemente com receio pelas suas almas e parece mais desesperado? Podeis estar certos de que a resposta será sempre: "Os jovens!"

Perguntemos aos pais em qualquer condado deste país, e vejamos o que eles geralmente dirão. Quem é que nas suas famílias lhes causa mais dor e problemas? Quem é que precisa de mais vigilância, e mais frequentemente os provoca e desilude? Quem são os primeiros a desviarem-se do que é correto e os últimos a lembrarem-se das advertências e dos bons conselhos? Quem é o mais difícil de manter em ordem e limites? Quem é que mais frequentemente se envolve em pecado aberto, desonra o nome que carrega, torna seus amigos infelizes, amargura os parentes mais velhos e faz com que eles morram com tristeza em seus corações? Podeis crer que a resposta será geralmente: "Os jovens!"

Perguntemos aos juízes e aos agentes da polícia, e observemos o que eles responderão. Quem é que frequenta mais os clubes noturnos e os bares? Quem faz parte dos bandos de rua? Quem é mais frequentemente preso por embriaguez, perturbação da paz, brigas, roubos, agressões e coisas do género? Quem enche as cadeias, as penitenciárias e as casas de detenção? Quem é a classe que requer a mais incessante vigilância e cuidado? Podeis estar certos de que apontarão imediatamente para o mesmo grupo e dirão: "Os jovens!"

Passemos às classes superiores e observemos o que nos dizem. Numa família, os filhos estão sempre a perder tempo, saúde e dinheiro, na busca egoísta do prazer. Noutra, os filhos não seguem nenhuma profissão e desperdiçam os anos mais preciosos da sua vida sem fazer nada. Noutro, assumem uma profissão como uma mera forma, mas não prestam atenção aos seus deveres. Em outro, estão sempre fazendo ligações erradas, jogando, endividando-se, associando-se a maus companheiros, mantendo seus amigos numa febre constante de ansiedade. Note-se que a posição, o título, a riqueza e a educação não impedem essas coisas! Pais ansiosos, mães com o coração partido e irmãs tristes poderiam contar histórias tristes sobre eles, se a verdade fosse conhecida. Muitas famílias, com tudo o que este mundo pode dar, têm entre seus parentes algum nome que nunca é mencionado, ou que só é mencionado com pesar e vergonha, algum filho, algum irmão, algum primo, algum sobrinho, que seguirá seu próprio caminho e é uma dor para todos que o conhecem.

Raramente há uma família rica que não tenha algum espinho no seu lado, alguma mancha na sua página de felicidade, alguma fonte constante de dor e ansiedade; e muitas vezes, demasiadas vezes — a verdadeira causa é, "Os Jovens!"

O que devemos dizer a estas coisas? São fatos, fatos claros, fatos que nos confrontam de todos os lados, fatos que não podem ser negados. Como isso é terrível! Quão terrível é o pensamento de que toda vez que encontro um jovem, encontro alguém que é, com toda a probabilidade, um inimigo de Deus, viajando na estrada larga que leva ao inferno, impróprio para o céu! Certamente, com tais fatos diante de mim, não se surpreenderão que eu os exorte, devem admitir que há uma boa razão.

(2) A morte e o juízo esperam os jovens, como esperam os outros, e quase todos parecem esquecer-se disso.

Jovens, está destinado a morrerdes; e por mais fortes e saudáveis que sejais agora, o dia da vossa morte está talvez muito próximo. Vejo jovens doentes, tal como vejo idosos. Enterro cadáveres de jovens e de idosos. Leio os nomes de pessoas não mais velhas do que vós em todos os cemitérios. Aprendo nos livros que, exceto na infância e na velhice, morrem mais pessoas entre os treze e os vinte e três anos do que em qualquer outro período da vida. E, no entanto, viveis como se tivésseis a certeza de que, neste momento, nunca morrereis.

Pensais que amanhã prestareis atenção a estas coisas? Lembre-se das palavras de Salomão: "Não contes com o dia de amanhã, porque não sabes o que ele trará" (Provérbios 27.1). "Amanhã preocupar-me-ei com coisas sérias", disse uma pessoa não salva, a alguém que o avisou do perigo que se aproximava; mas o seu amanhã nunca chegou. Amanhã é o dia do diabo, mas hoje é o dia de Deus. Satanás não se importa com quão espirituais sejam suas intenções, ou quão santas sejam suas resoluções, se apenas elas estiverem determinadas a serem cumpridas amanhã. Oh, não deis lugar ao diabo neste assunto! Nem todos os homens vivem para serem pais idosos, como Isaque e Jacó. Muitos filhos morrem antes de seus pais. Davi teve de chorar a morte dos seus dois melhores filhos; Jó perdeu todos os seus dez filhos num só dia. A tua sorte pode ser como a deles e, quando a morte chegar, será inútil falar do amanhã, tens de partir imediatamente.

Pensais que tereis um momento mais oportuno para pensar nestas coisas? Assim pensavam Félix e os atenienses a quem Paulo pregava; mas esse tempo nunca chegou. O caminho para o inferno está pavimentado com essas ideias. É melhor trabalhar enquanto se pode. Não deixes por resolver nada que seja eterno. Não corram riscos quando a vossa alma está em jogo. Acredita em mim, a salvação de uma alma não é fácil. Todos precisam de uma "Grande Salvação", sejam jovens ou velhos; todos precisam de nascer de novo — todos precisam de ser lavados no sangue de Cristo — todos precisam de ser santificados pelo Espírito. Feliz é o homem que não deixa essas coisas incertas, mas nunca descansa até que tenha o testemunho do Espírito dentro de si, testificando-lhe que ele é um filho de Deus.

Jovens, o vosso tempo é curto. Os vossos dias são apenas uma breve sombra, uma névoa que aparece por um pouco e depois desaparece, uma história que logo se conta. Os vossos corpos não são de bronze. "Os jovens", diz Isaías, 'se cansarão e se fatigarão e os moços certamente cairão' (Isaías 40.30). A vossa saúde pode ser-vos tirada num momento: basta um acidente, uma febre, uma inflamação, um vaso sanguíneo rompido, e o verme logo se alimentaria de vós na sepultura. Há apenas um passo entre cada um de vós e a morte. Esta noite a vossa alma pode ser requerida de vós. Vós estais a seguir rapidamente o caminho de toda a terra, em breve ireis embora. A vossa vida é uma incerteza, a vossa morte e o vosso julgamento são perfeitamente certos. Também tu tens de ouvir a trombeta do Arcanjo, e ir para a frente do grande trono branco do julgamento, também tu tens de obedecer a essa convocação, que Jerónimo diz que estava sempre a tocar nos seus ouvidos: "Levantai-vos, mortos, e vinde ao julgamento." "Sim, eu venho em breve", é a linguagem do próprio Juiz. Não posso, não me atrevo, não vos deixarei em paz.

Oh, se todos vós levásseis a peito as palavras do Pregador: "Alegra-te, jovem, na tua mocidade e recreie-se o teu coração nos dias da tua mocidade; anda pelos caminhos do teu coração e pela vista dos teus olhos; sabe, porém, que por todas estas coisas te trará Deus a juízo" (Eclesiastes 11.9). Certamente ninguém é tão louco como aqueles que se contentam em viver sem estarem preparados para morrer. Certamente a incredulidade dos homens é a coisa mais espantosa do mundo. A profecia mais clara da Bíblia começa com estas palavras: "Quem deu crédito à nossa pregação?" (Isaías 53.1). O Senhor Jesus disse: "Quando porém vier o Filho do homem, porventura achará fé na terra?" (Lucas 18.8). Jovens, temo que este seja o relato de muitos de vós nos tribunais acima: "Eles não acreditarão". Temo que sejais apressados a sair do mundo e que acordeis para descobrir, tarde demais, que a morte e o julgamento são realidades. Eu temo tudo isso, e por isso eu vos exorto.

(3) O que os jovens serão, com toda a probabilidade, depende do que eles são agora, e eles parecem esquecer-se disso.

A juventude é o tempo de plantação da idade plena, a estação de moldagem no pequeno espaço da vida humana, o ponto de viragem na história da mente do homem.

Pelo rebento que brota podemos julgar o tipo de árvore que está a crescer, pelas flores julgamos o tipo de fruto, pela primavera julgamos o tipo de colheita que se aproxima, pela manhã julgamos o dia que se aproxima, e pelo carácter do jovem, podemos geralmente julgar o que ele será quando crescer.

Jovens, não vos deixeis enganar. Não penseis que podeis, à vontade, servir as concupiscências e os prazeres no início, e depois ir servir a Deus com facilidade no fim da vossa vida. Não penseis que podeis viver com Esaú, e depois morrer com Jacó. É uma zombaria lidar com Deus e com as vossas almas dessa maneira. É uma zombaria terrível supor que podeis dar a flor da vossa força ao mundo e ao diabo, e depois afastar o Rei dos reis com os restos e sobras dos vossos corações, os destroços e restos das vossas forças. É uma zombaria terrível, e podeis descobrir, para vossa perda, que a coisa não pode ser feita.

Atrevo-me a dizer que estais a planear um arrependimento tardio. Não sabeis o que estais a fazer. Estás a planear sem Deus. O arrependimento e a fé são dons de Deus, e são dons que ele muitas vezes retém, quando foram oferecidos em vão durante muito tempo. Concedo-vos que o verdadeiro arrependimento nunca é demasiado tarde, mas advirto-vos ao mesmo tempo que o arrependimento tardio raramente é verdadeiro. Concedo-vos que um ladrão penitente se converteu nas suas últimas horas, para que ninguém desespere; mas advirto-vos que apenas um se converteu, para que ninguém presuma. Concedo-vos que está escrito que Jesus "pode também salvar perfeitamente os que por ele se chegam a Deus" (Hebreus 7.25). Mas aviso-te que também está escrito pelo mesmo Espírito: "Eu vos chamei e vós recusastes; e estendi a minha mão, e não houve quem desse atenção, também de minha parte eu me rirei na vossa perdição e zombarei, em vindo o vosso temor" (Provérbios 1.24, 26).

Acredita que não é fácil recorrer a Deus quando te apetece. É um ditado verdadeiro do piedoso Leighton: "O caminho do pecado é ladeira abaixo; um homem não pode parar quando quer." Os desejos santos e as convicções sérias não são como os servos do Centurião, prontos para ir e vir à sua vontade; pelo contrário, são como o unicórnio em Jó, não obedecem à sua voz, nem atendem às suas ordens. Dizia-se do famoso general Aníbal de outrora que, quando podia tomar a cidade contra a qual guerreava, não o fazia, e quando o fazia, não o fazia. Cuidado para que não vos aconteça o mesmo na questão da vida eterna.

Por que é que digo tudo isto? Digo-o por força do hábito. Digo-o porque a experiência me diz que os corações das pessoas raramente são transformados se não o forem quando jovens. Raramente, de fato, os homens se convertem quando são velhos. Os hábitos têm raízes profundas. Uma vez que se permite que o pecado se instale em seu coração, ele não será expulso a seu pedido. O costume torna-se uma segunda natureza, e suas correntes não são facilmente quebradas. O profeta bem disse: "Porventura pode o etíope mudar a sua pele, ou o leopardo as suas manchas? Então podereis vós fazer o bem, sendo ensinados a fazer o mal" (Jeremias 13.23). Os hábitos são como pedras rolando morro abaixo — quanto mais rolam, mais rápido e ingovernável é o seu curso. Os hábitos, como as árvores, são fortalecidos pela idade. Um menino pode dobrar um carvalho quando ele é um rebento — cem homens não podem arrancá-lo pela raiz, quando ele é uma árvore adulta. Uma criança pode atravessar a pé o rio Tamisa na sua nascente — o maior navio do mundo pode flutuar nele quando se aproxima do mar. O mesmo se passa com os hábitos: quanto mais velhos, mais fortes — quanto mais tempo os possuímos, mais difícil será expulsá-los. Eles crescem com o nosso crescimento e fortalecem-se com a nossa força. O hábito é a ama do pecado. Cada novo ato de pecado diminui o medo e o remorso, endurece os nossos corações, embota o fio da nossa consciência e aumenta a nossa má inclinação.

Jovens, podeis pensar que estou a dar demasiada ênfase a este ponto. Se tivésseis visto velhos, como eu vi, à beira da sepultura, sem quaisquer sentimentos, queimados, insensíveis, mortos, frios, duros como pedra — não pensaríeis assim. Acreditai-me, não podeis ficar parados nas vossas almas. Os hábitos do bem ou do mal fortalecem-se diariamente nos vossos corações. Todos os dias estais mais perto de Deus ou mais longe. Cada ano que passais sem vos arrepender, o muro de divisão entre vós e o céu torna-se mais alto e mais espesso, e o abismo a atravessar mais profundo e mais largo. Oh, temei o efeito endurecedor da constante permanência no pecado! Agora é a hora certa. Não deixeis que a vossa decisão seja adiada para o inverno dos vossos dias. Se não buscardes o Senhor quando jovens, a força do hábito é tal que provavelmente nunca o buscareis.

Eu temo isso, e por isso vos exorto.

(4) O diabo usa diligência especial para destruir as almas dos jovens, e eles parecem não saber disso.

Satanás sabe muito bem que vós constituireis a próxima geração e por isso emprega todos os truques para vos tornar seus. Não quero que sejais ignorantes dos seus esquemas.

É sobre vós que ele coloca as suas melhores tentações. Ele estende a sua rede com o mais cuidadoso cuidado, para enredar os vossos corações. Ele prepara a sua armadilha com os mais doces bocados, para vos levar ao seu poder. Exibe as suas mercadorias diante dos vossos olhos com a maior engenhosidade, a fim de vos fazer comprar os seus venenos açucarados e comer as suas guloseimas malditas. Vós sois o grande objeto do seu ataque. Que o Senhor o repreenda e vos livre das suas mãos.

Jovens, tende cuidado para não serdes apanhados pelas suas armadilhas. Ele tentará lançar poeira nos vossos olhos, e impedir-vos-á de ver qualquer coisa nas suas verdadeiras cores. Ele quer fazer-vos pensar que o mal é bom, e que o bem é mau. Pintará, cobrirá de ouro e enfeitará o pecado, a fim de vos fazer apaixonar por ele. Ele deformará, deturpará e fabricará o verdadeiro cristianismo, a fim de fazer com que não gostem dele. Ele exaltará os prazeres da maldade — mas esconderá de vós o aguilhão. Ele levantará diante dos vossos olhos a cruz e a sua dor — mas manterá fora de vista a coroa eterna. Ele prometer-vos-á tudo, como fez a Cristo, se apenas o servirdes. Até vos ajudará a vestir uma forma de cristianismo, se apenas negligenciardes o poder. Dir-vos-á, no início das vossas vidas, que é demasiado cedo para servir Deus — dir-vos-á, no fim, que é demasiado tarde. Oh, não vos deixeis enganar!

Não sabeis o perigo que correis por causa deste inimigo; e é precisamente esta ignorância que me faz ter medo. Sois como cegos, caminhando entre buracos e armadilhas; não vedes os perigos que vos rodeiam por todos os lados.

O vosso inimigo é poderoso. Ele é chamado "o príncipe deste mundo" (João 14.30). Ele opôs-se a Nosso Senhor Jesus Cristo durante todo o seu ministério. Tentou Adão e Eva a comerem o fruto proibido, e assim trouxe o pecado e a morte ao mundo. Chegou mesmo a tentar Davi, o homem segundo o coração de Deus, e fez com que os seus últimos dias fossem cheios de tristeza. Tentou também Pedro, o Apóstolo escolhido, e fê-lo negar o seu Senhor. A sua hostilidade para com o homem e para com Deus é, sem dúvida, de desprezar.

O vosso inimigo é inquieto. Nunca dorme. Anda sempre de um lado para o outro, como um leão que ruge, à procura de quem possa devorar. Está sempre a andar para trás e para a frente na terra, e a subir e a descer sobre ela. Vós podeis ser descuidados com as vossas almas, mas ele não. Ele quer a vossa alma para vos tornar miseráveis, como ele próprio, e terá a vossa alma se puder. O seu ódio para com os homens e para com Deus é, sem dúvida, de desprezar.

E o vosso inimigo é astuto. Há milhares de anos que ele lê um livro, e esse livro é o coração do homem. Ele deveria conhecê-lo bem, e conhece-o — toda a sua fraqueza, todo o seu engano, toda a sua loucura. E ele tem um armazém cheio de tentações, tais como as mais susceptíveis de causar o maior dano ao coração do homem. Nunca ireis a um lugar onde ele não vos encontre. Vai à cidade — ele estará lá. Ide para o deserto — ele também lá estará. Senta-te entre bêbados — e ele estará lá para te ajudar. Escuta a pregação — e ele estará lá para te distrair. Certamente, essa má vontade deve ser desprezada.

Jovens, este inimigo está a trabalhar arduamente para a vossa destruição, por muito pouco que o penseis. Vós sois o prémio pelo qual ele luta especialmente. Ele prevê que sereis as bênçãos ou as maldições dos vossos dias, e está a esforçar-se por conseguir um lugar nos vossos corações, logo no início da vossa vida, para que possais ajudar a fazer avançar o seu reino todos os dias. Ele compreende bem que estragar o botão é a maneira mais segura de estragar a flor.

Oxalá os vossos olhos se abrissem, como os do servo de Eliseu, Dotã! Oh, se pudésseis ver o que Satanás está a tramar contra a vossa paz! Devo avisar-vos — devo exortar-vos. Quer ouçam ou não, não posso, não ouso, deixar-vos sozinhos.

(5) Os jovens precisam de exortação por causa da tristeza que isso lhes poupará, para começarem a servir a Deus agora.

O pecado é a mãe de toda tristeza, e nenhum tipo de pecado parece dar a um homem tanta miséria e dor quanto os pecados de sua juventude. Os atos tolos que ele fez — o tempo que desperdiçou — os erros que cometeu — as más companhias que manteve — o mal que fez a si mesmo, tanto no corpo quanto na alma — as chances de felicidade que desperdiçou — as aberturas de utilidade que negligenciou; todas essas coisas que muitas vezes amargam a consciência de um homem velho, lançam uma escuridão na noite de seus dias e enchem as últimas horas de sua vida com autorrepreensão e vergonha.

Alguns homens poderiam contar-vos a perda prematura da saúde, provocada pelos pecados da juventude. A doença atormenta seus membros com dor, e a vida é quase um cansaço. Sua força muscular é tão desperdiçada, que o menor peso parece um fardo. Os olhos tornaram-se prematuramente turvos, e sua energia natural diminuiu. O sol de sua saúde se pôs enquanto ainda é dia, e eles lamentam ver sua carne e corpo consumidos. Acreditem em mim, este é um cálice amargo para beber.

Outros poderiam dar-vos tristes relatos das consequências da ociosidade. Deitaram fora a oportunidade de ouro para aprender. Não obtiveram sabedoria no momento em que suas mentes estavam mais aptas a recebê-la, e sua memória mais pronta para retê-la. E agora é demasiado tarde. Eles não têm tempo para se sentar e aprender. Já não têm o mesmo poder, mesmo que tivessem tempo. O tempo perdido não pode ser recuperado. Também este é um copo amargo para beber.

Outros poderiam falar-vos de graves erros de julgamento, dos quais sofreram toda a vida.

Tinham de fazer as coisas à sua maneira. Não aceitaram conselhos. Formaram alguma ligação que foi totalmente ruinosa para sua felicidade. Escolheram uma profissão para a qual eram totalmente inadequados. E agora veem tudo isso. Mas os seus olhos só se abrem quando o erro não pode ser recuperado. Oh, este é também um cálice amargo para beber!

Jovens, jovens, quem me dera que conhecessem o conforto de uma consciência não carregada com uma longa lista de pecados da juventude. Estas são as feridas que perfuram mais profundamente. Estas são as flechas que consomem o espírito de um homem. Este é o ferro que penetra na alma. Sejam misericordiosos convosco mesmos. Buscai o Senhor desde cedo, e assim sereis poupados a muitas lágrimas amargas.

Esta é a verdade que Jó parece ter sentido. Diz ele: "Por que escreves contra mim coisas amargas e me fazes herdar as culpas da minha mocidade?" (Jó 13.26). Assim também o seu amigo Zofar, falando do ímpio, diz: "Os seus ossos estão cheios do vigor da sua mocidade, mas este se deitará com ele no pó" (Jó 20.11).

Davi também parece ter sentido isso. Ele diz ao Senhor: "Não te lembres dos pecados da minha mocidade, nem das minhas transgressões" (Salmo 25.7).

Beza, o grande reformador suíço, sentiu-o tão fortemente, que o nomeou no seu testamento como uma misericórdia especial o fato de ter sido chamado para fora do mundo, pela graça de Deus, com a idade de dezesseis anos.

Pergunte agora aos crentes e penso que muitos dirão o mesmo. "Oh, se eu pudesse viver meus dias de juventude novamente!" Ele muito provavelmente dirá: "Oh, se eu tivesse passado o início da minha vida de uma maneira melhor! Oh, se eu não tivesse lançado os alicerces dos maus hábitos tão fortemente na primavera da minha jornada!"

Jovens, quero poupar-vos a todo este sofrimento, se puder. O próprio inferno é a verdade conhecida demasiado tarde. Sede sábios a tempo. O que a juventude semeia, a velhice deve colher. Não deis o tempo mais precioso da vossa vida àquilo que não vos confortará nos últimos dias da vossa vida. Semeai antes para vós próprios em justiça: desbravai a vossa terra dura, não semeeis entre espinhos.

O pecado pode ser fácil de executar com as vossas mãos, ou correr suavemente na vossa língua agora, mas acreditem, os efeitos do vosso pecado e de vós encontrar-se-ão de novo a seu tempo, por muito pouco que vos agrade. Muitas vezes, as feridas antigas doem e causam dor muito tempo depois de estarem curadas, ficando apenas uma cicatriz: é o que acontece com os vossos pecados. As pegadas de animais foram encontradas na superfície de rochas que outrora eram areia molhada, milhares de anos depois de o animal que as fez ter perecido e morrido; assim também pode acontecer com os vossos pecados.

"A experiência", diz o provérbio, "é uma escola difícil de frequentar, mas os tolos não aprenderão em nenhuma outra." Quero que todos vós escapeis à miséria de aprender nessa escola. Quero que eviteis a miséria que os pecados da juventude certamente acarretarão. Esta é a última razão pela qual vos exorto.

2.

PERIGOS DOS JOVENS

Há alguns perigos especiais contra os quais os jovens precisam ser advertidos.

(1) Um perigo para os jovens é o orgulho.

Eu sei bem que todas as almas correm um perigo terrível. Velhos ou jovens, não importa; todos têm uma corrida para correr, uma batalha para travar, um coração para humilhar, um mundo para vencer, um corpo para manter sob controle, um diabo para resistir; e podemos muito bem dizer: Quem é suficiente para estas coisas? Mas, ainda assim, cada época e condição tem suas próprias armadilhas e tentações peculiares, e é bom conhecê-las. Aquele que é avisado está prevenido. Se eu puder persuadir-vos a estar em guarda contra os perigos que vou mencionar, estou certo de que prestarei um serviço essencial às vossas almas.

O orgulho é o pecado mais antigo do mundo. De fato, existia antes do mundo. Satanás e os seus anjos caíram por orgulho. Não estavam satisfeitos com a sua primeira situação e estatuto. Assim, o orgulho abasteceu o inferno com os seus primeiros habitantes.

O orgulho expulsou Adão do paraíso. Ele não se contentou com o lugar que Deus lhe atribuiu. Tentou elevar-se e caiu. Assim, o pecado, a dor e a morte entraram pelo orgulho.

O orgulho está presente em todos os nossos corações por natureza. Nascemos orgulhosos. O orgulho faz com que fiquemos satisfeitos com nós mesmos — achando que somos bons o suficiente como somos — impedindo-nos de aceitar conselhos — recusando o evangelho de Cristo — voltando cada um para o seu próprio caminho. Mas o orgulho nunca reina tão poderosamente em qualquer lugar como no coração de um jovem.

Como é comum ver jovens de cabeça erguida, com a mente elevada e impacientes com qualquer conselho! Quantas vezes são rudes e indelicados com todos ao seu redor, achando que não são valorizados e honrados como merecem! Quantas vezes não param para ouvir uma dica de uma pessoa mais velha! Pensam que sabem tudo. Estão cheios de presunção da sua própria sabedoria. Pensam que as pessoas idosas, e sobretudo os seus familiares, são estúpidos, aborrecidos e lentos. Não querem ser ensinadas nem instruídas: elas entendem tudo. Quase se zangam quando lhes falam. Tal como os cavalos jovens, não suportam o mínimo controle. Têm de ser independentes e seguir o seu próprio caminho. Parecem pensar, como aqueles que Jó mencionou: "Na verdade, vós sois o povo, e convosco morrerá a sabedoria" (Jó 12.2). E tudo isso é orgulho.

Roboão foi uma dessas pessoas, que desprezou os conselhos dos velhos experientes que estavam diante de seu pai, e deu ouvidos aos conselhos dos jovens de sua própria geração. Viveu para colher as consequências de sua insensatez. Há muitos como ele.

O filho pródigo da parábola era também uma pessoa assim, que precisava de ter a sua parte da herança para se poder estabelecer no estilo de vida que desejava. Não podia submeter-se a viver tranquilamente sob o teto do pai, mas iria para uma terra longínqua e seria o seu próprio senhor. Como a criancinha que deixa a mão da mãe e caminha sozinha, ele logo sente o ferrão da sua insensatez. Tornou-se mais sábio quando teve de comer cascas com os porcos. Mas há muitos como ele.

Jovens, peço-vos encarecidamente que tenham cuidado com o orgulho. Diz-se que há duas coisas muito raras no mundo: um jovem humilde e um velho satisfeito. Receio que isto seja demasiado verdadeiro.

Não te orgulhes das tuas capacidades, da tua força, do teu conhecimento, da tua aparência, da tua inteligência. Não te orgulhes de ti próprio, nem dos teus dotes de qualquer espécie. Tudo isso vem do fato de não te conheceres a ti próprio e ao mundo. Quanto mais cresceres, e quanto mais vires, menos razões encontrarás para te orgulhares. A ignorância e a inexperiência são o pedestal do orgulho; uma vez retirado o pedestal, o orgulho não tarda a cair.

Lembrai-vos de quantas vezes as Escrituras nos apresentam a excelência de um espírito humilde. Com que veemência somos advertidos: "Não pense de si mesmo além do que convém" (Romanos 12.3). Com que clareza nos é dito: "E se alguém cuida saber alguma coisa, ainda não sabe como convém saber" (1 Coríntios 8.2). Como é rigorosa a ordem: "Revesti-vos, pois, como eleitos de Deus, santos e amados, de entranhas de misericórdia, de benignidade, humildade, mansidão e longanimidade" (Colossenses 3.12). E ainda: "Revesti-vos de humildade" (1 Pedro 5.5). Esta é a vestimenta da qual muitos parecem não ter nem um trapo.

Pensemos no grande exemplo que o nosso Senhor Jesus Cristo nos deixa a este respeito. Ele lavou os pés dos seus discípulos, dizendo: "Como eu vos fiz, façais vós também" (João 13.15). Está escrito: "Sendo rico, por amor de vós se fez pobre" (2 Coríntios 8.9). E ainda: "Mas esvaziou-se a si mesmo, tomando a forma de servo, fazendo-se semelhante aos homens; e achado na forma de homem, humilhou-se a si mesmo, sendo obediente até à morte, e morte de cruz" (Filipenses 2.7–8). Certamente, ser orgulhoso é ser mais como o diabo e o Adão caído, do que como Cristo.

Pense no homem mais sábio que já viveu — refiro-me a Salomão. Veja como ele fala de si mesmo como uma "criancinha", como alguém que "não sabe cumprir seus deveres" ou administrar por si mesmo (1 Reis 3.7). É um espírito muito diferente do seu irmão Absalão, que se julgava capaz de tudo: "Ah, quem me dera ser juiz na terra, para que viesse a mim todo o homem que tivesse demanda ou questão, para que lhe fizesse justiça!" (2 Samuel 15.4). É um espírito muito diferente do seu irmão Adonias, que "se levantou, dizendo: Eu reinarei" (1 Reis 1.5). A humildade é o início da sabedoria de Salomão. Ele escreve-o como sua própria experiência: "Tens visto o homem que é sábio a seus próprios olhos? Pode-se esperar mais do tolo do que dele" (Provérbios 26.12).

Jovens, tomem a peito as Escrituras que acabámos de citar. Não sejam demasiado confiantes no vosso próprio julgamento. Deixem de ter tanta certeza de que estão sempre certos e os outros errados. Não confieis na vossa própria opinião, quando a achais contrária à dos homens mais velhos, e especialmente à dos vossos próprios pais. A idade dá experiência e, por isso, merece respeito. É um sinal da sabedoria de Eliú, no livro de Jó, o fato de "Eliú, porém, esperou para falar a Jó, porquanto tinham mais idade do que ele" (Jó 32.4). E depois disse: "Eu sou de menos idade, e vós sois idosos; receei-me e temi de vos declarar a minha opinião. Dizia eu: Falem os dias, e a multidão dos anos ensine a sabedoria" (Jó 32.6–7). A humildade e o silêncio são belas graças nos jovens. Nunca te envergonhes de ser um aprendiz: Jesus era-o aos doze anos; quando foi encontrado no templo, estava "assentado no meio dos doutores, ouvindo-os e interrogando-os" (Lucas 2.46). Os homens mais sábios dir-vos-ão que são sempre aprendizes e que se sentem humildes ao constatarem, afinal, o pouco que sabem. O grande Sir Isaac Newton costumava dizer que não se sentia melhor do que uma criança que apanhou algumas pedras preciosas na margem do mar do conhecimento.

Jovens, se quereis ser sábios, se quereis ser felizes, lembrai-vos da advertência que vos faço: cuidado com o orgulho.

(2) Outro perigo para os jovens é o AMOR AO PRAZER.

A juventude é a época em que nossas paixões são mais fortes — e, como crianças indisciplinadas, clamam mais alto por indulgência. A juventude é a época em que geralmente temos mais saúde e força: a morte parece estar longe, e divertirmo-nos nesta vida parece ser tudo. A juventude é a altura em que a maioria das pessoas tem poucas preocupações ou ansiedades terrenas que lhes ocupem a atenção. E tudo isto contribui para que os jovens só pensem no prazer. "Eu sirvo às concupiscências e aos prazeres": esta é a verdadeira resposta que muitos jovens devem dar, se lhes for perguntado: "És servo de quem?"

Jovens, o tempo não me permitiria contar-vos todos os frutos que este amor ao prazer produz, e todas as maneiras pelas quais ele vos pode fazer mal. Por que haveria eu de falar de farras, festas, bebidas, jogos de azar, cinema, danças e coisas do género? São poucos os que não sabem algo sobre essas coisas por amarga experiência. E isso são apenas exemplos. Todas as coisas que dão uma sensação de excitação durante o tempo — todas as coisas que afogam o pensamento e mantêm a mente num turbilhão constante — todas as coisas que agradam aos sentidos e deleitam a carne — estas são o tipo de coisas que têm um poder poderoso na vossa época da vida, e devem o seu poder ao amor do prazer. Ficai atentos. Não sejais como aqueles de quem Paulo fala: "Mais amigos dos deleites do que amigos de Deus" (2 Timóteo 3.4).

Lembrai-vos do que vos digo: se vos apegardes aos prazeres terrenos, são eles que matam as almas. Não há maneira mais segura de ficar com a consciência ferida e o coração duro para com as coisas de Deus, do que dar lugar aos desejos da carne e da mente. A princípio não parece nada, mas a longo prazo é um sinal.

Veja o que Pedro diz: "Vos abstenhais das concupiscências carnais que combatem contra a alma" (1 Pedro 2.11). Destroem a paz da alma, destroem a sua força, levam-na ao cativeiro e fazem dela uma escrava.

Veja o que Paulo diz: "Mortificai, pois, os vossos membros, que estão sobre a terra: A fornicação, a impureza, a afeição desordenada, a vil concupiscência e a avareza, que é idolatria" (Colossenses 3.5). "E os que são de Cristo crucificaram a carne com as suas paixões e concupiscências" (Gálatas 5.24). Outrora o corpo era um lar perfeito para a alma — agora está todo corrompido e desordenado, e precisa de vigilância constante. É um fardo para a alma — não um ajudante; um obstáculo — não uma ajuda. Pode tornar-se um servo útil, mas é sempre um mau mestre.

Consideremos, de novo, as palavras de Paulo: "Mas revesti-vos do Senhor Jesus Cristo e não tenhais cuidado da carne em suas concupiscências" (Romanos 13.14). "Estas", diz Leighton, "são as palavras cuja própria leitura deu a Agostinho uma grande convicção de coração, fazendo com que um jovem imoral se transformasse num fiel servo de Jesus Cristo." Jovens, gostaria que este fosse o caso de todos vós.

Lembrai-vos, mais uma vez, que se vos apegardes aos prazeres terrenos, todos eles serão insatisfatórios, vazios e inúteis. Como os gafanhotos da visão do Apocalipse, eles parecem ter coroas nas suas cabeças: mas como os mesmos gafanhotos, descobrireis que eles têm ferrões — verdadeiros ferrões — nas suas caudas. Nem tudo o que reluz é ouro. Tudo o que tem sabor doce não é bom. Tudo o que agrada por um tempo não é o verdadeiro prazer.

Ide e saciai-vos dos prazeres terrenos, se quiserdes — nunca encontrareis o vosso coração satisfeito com eles. Haverá sempre uma voz dentro de ti, a gritar, como a sanguessuga em

Provérbios 30.15: "Dá e Dá". Há um lugar vazio lá, que nada além de Deus pode preencher. Descobrirás, como Salomão, por experiência própria, que os prazeres terrenos não passam de um espetáculo sem sentido — prometendo contentamento, mas trazendo uma insatisfação de espírito — caixões banhados a ouro, requintados por fora, mas cheios de cinzas e corrupção por dentro. Sê sábio na tua juventude. Escrevei a palavra "veneno" em todos os prazeres terrenos. O mais lícito deles deve ser usado com moderação. Todos eles são destruidores da alma se lhes deres o teu coração. O prazer, primeiro, deve ter a garantia de que não é pecaminoso — depois, deve ser desfrutado com moderação.

E não me coibirei de avisar todos os jovens para se lembrarem do sétimo mandamento; para se precaverem contra o adultério e a imoralidade sexual, contra toda a impureza de qualquer espécie. Temo que não falemos com muita frequência sobre essa parte da lei de Deus. Mas quando vejo como os profetas e Apóstolos trataram deste assunto, quando observo a forma aberta como os Reformadores da nossa própria Igreja o denunciaram, quando vejo o número de jovens que andam nas pegadas iníquas de Rúben, Hofni, Fineias e Amnom, não posso, com boa consciência, ficar calado. O mundo torna-se mais iníquo devido à nossa incapacidade de ensinar e pregar sobre este mandamento. De minha parte, sinto que seria uma delicadeza falsa e antibíblica, ao dirigir-me aos homens, não falar daquilo que é preeminentemente o "pecado do jovem".

A violação do sétimo mandamento é o pecado acima de todos os outros, que, como diz Oseias, "tiram o coração" (Oseias 4.11). É o pecado que deixa cicatrizes mais profundas na alma do que qualquer outro pecado que um homem possa cometer. É um pecado que destrói milhares de jovens em todas as épocas, e até derrubou alguns dos santos de Deus no passado. Sansão e Davi são provas terríveis. É o pecado que o homem ousa sorrir, e suaviza usando os termos: emoções, amor, paixões incontroláveis, e desejos naturais. Mas é o pecado com o qual o diabo se alegra, pois ele é o "espírito imundo"; e é o pecado que Deus abomina, e declara que "julgará" (Hebreus 13.4).

Jovens, "Fugi da fornicação" (1 Coríntios 6.18) se amais a vida. "Ninguém vos engane com palavras vãs; porque por estas coisas vem a ira de Deus sobre os filhos da desobediência" (Efésios 5.6). Fugi da oportunidade de o fazer — da companhia daqueles que vos poderiam atrair para ele — dos lugares onde poderíeis ser tentados a fazê-lo. Lê o que o Senhor diz sobre isso em Mateus 5.28: "Eu vos digo, porém, que qualquer que atentar numa mulher para a cobiçar, já em seu coração cometeu adultério com ela". Seja como o santo servo Jó: "Fiz aliança com os meus olhos; como pois, cobiçaria uma virgem?" (Jó 31.1). Foge de falar sobre isso. É uma das coisas que não deve ser sequer mencionada numa conversa. Nem sequer se pode tocar em gordura preta sem sujar as mãos. Foge dos pensamentos sobre ela; resiste-lhes, destrói-os, reza contra eles — faz qualquer sacrifício em vez de lhes dares lugar. A imaginação é o viveiro onde este pecado é muitas vezes incubado. Guardai os vossos pensamentos e não tereis muito medo das vossas ações.

Considerai a precaução que tenho estado a dar. Se esquecerdes tudo o resto, não deixeis que isto seja esquecido.

(3) Outro perigo para os jovens é a FALTA DE PENSAMENTO.

Não pensar é uma razão simples pela qual milhares de almas são lançadas para sempre no Lago de Fogo. Os homens não consideram, não olham para a frente, não olham ao seu redor, não refletem sobre o fim de seu curso atual e as consequências certas de seus dias atuais, e acordam para descobrir que estão condenados por falta de pensamento.

Jovens, ninguém está mais em perigo do que vós próprios. Pouco sabeis dos perigos que vos rodeiam e, por isso, sois descuidados no vosso caminhar. Odiais o trabalho de pensar com seriedade e tranquilidade e, por isso, tomais decisões erradas e trazeis sobre vós mesmos muita tristeza. O jovem Esaú teve de comer o guisado do seu irmão e vendeu o seu direito de primogenitura: nunca pensou o quanto o quereria no futuro. Os jovens Simeão e Levi tiveram de vingar a violação da sua irmã Diná e matar os siquemitas: nunca pensaram nos problemas e na ansiedade que poderiam trazer a Jacob, seu pai, e à sua casa. Jó parece ter tido um medo especial desta irreflexão dos seus filhos: está escrito que, quando faziam uma festa e o "período de festa tinha terminado, Jó mandava purificá-los. De manhã cedo, sacrificava um holocausto por cada um deles, pensando: "Talvez pecaram meus filhos e amaldiçoaram a Deus no seu coração. Assim fazia Jó continuamente" (Jó 1.5).

Acreditem em mim, este mundo não é um mundo em que se possa passar bem sem pensar, e muito menos passar bem no que diz respeito às nossas almas. "Não penses", sussurra Satanás: ele sabe que um coração não convertido é como os registos financeiros de um empresário desonesto, não suportam uma inspeção atenta. "Considera os teus caminhos", diz a Palavra de Deus — para e pensa — considera e sê sábio. O provérbio espanhol diz bem: "A pressa vem do diabo". Tal como os homens se casam à pressa e depois são infelizes com a sua companheira, também eles cometem erros sobre as suas almas num minuto, e depois sofrem por isso durante anos. Assim como um servo mau faz coisas erradas, e depois diz: "Eu nunca pensei nisso", assim os jovens correm para o pecado, e depois dizem: "Eu não pensei nisso — não parecia pecado". Não parece pecado! O que é que esperavas? O pecado não virá até vós, dizendo: "Eu sou o pecado"; faria pouco mal se o fizesse. O pecado sempre parece "bom, agradável e desejável", no momento em que é cometido. Oh, adquira sabedoria, adquira discrição! Lembrem-se das palavras de Salomão: "Examina o caminho de teus pés, e todos os teus caminhos sejam bem ordenados!" (Provérbios 4.26).

Alguns, atrevo-me a dizer, objetarão que estou a pedir o que não é razoável; que a juventude não é a altura da vida em que as pessoas devem ser sérias e ponderadas. Respondo que, nos dias de hoje, não há grande perigo de que o sejam em demasia. As conversas tolas, as brincadeiras, as piadas e o divertimento excessivo são demasiado comuns. Não discuto o fato de que há um tempo para todas as coisas; mas ser sempre irreverente e brincalhão é tudo menos sábio. O que diz o mais sábio dos homens: "Melhor é ir à casa onde há luto do que ir à casa onde há banquete, porque naquela está o fim de todos os homens, e os vivos o aplicam ao seu coração. Melhor é a tristeza do que o riso, porque com a tristeza do rosto se faz melhor o coração. O coração dos sábios está na casa do luto, mas o coração dos tolos na casa da alegria" (Eclesiastes 7:2–4). Matthew Henry conta a história de um grande estadista no tempo da Rainha Isabel, que se retirou da vida pública nos seus últimos dias, e se entregou a um pensamento sério. Os seus antigos companheiros alegres foram visitá-lo e disseram-lhe que estava a ficar sombrio: "Não", respondeu ele, "eu sou sério; porque todos à minha volta são sérios. Deus é sério ao observar-nos — Cristo é sério ao interceder por nós — o Espírito é sério ao lutar conosco — as verdades de Deus são sérias — os nossos inimigos espirituais são sérios nos seus esforços para nos arruinarem — os pobres pecadores perdidos são sérios no inferno — e por que é que tu e eu não havemos de ser sérios também?"

Oh, jovens, aprendam a ser atenciosos! Aprendam a considerar o que estão a fazer e para onde estão a ir. Arranjem tempo para uma reflexão calma. Comunguem com o vosso próprio coração, e fiquem quietos. Lembrem-se da minha advertência: não se percam apenas por falta de reflexão.

(4) Outro perigo para os jovens é o CONTEÚDO DO CRISTIANISMO.

Este também é um dos vossos perigos especiais. Eu sempre observo que ninguém presta tão pouco respeito externo ao cristianismo quanto os jovens. Nenhum participa tão pouco nos nossos cultos, quando estão presentes neles — usam tão pouco a Bíblia — cantam tão pouco — ouvem tão pouco a pregação. Nenhum outro está tão ausente das reuniões de oração, dos Estudos Bíblicos e de todos os outros auxílios à alma durante a semana. Os jovens parecem pensar que não precisam dessas coisas — elas podem ser boas para as mulheres e os velhos, mas não para eles. Parecem envergonhados por parecerem preocupar-se com as suas almas: quase se poderia imaginar que considerassem uma desgraça ir para o céu. E isto é desprezo pelo cristianismo — é o mesmo espírito que levou os jovens de Betel a troçarem de Eliseu — e é deste espírito que eu digo a todos os jovens: Cuidado! Se vale a pena ser cristão, vale a pena ser sincero.

O desprezo pelas coisas santas é o caminho direto para o inferno. Quando um homem começa a fazer troça de qualquer parte do cristianismo, nunca me surpreende saber que se tornou um incrédulo.

Jovens, já vos decidistes realmente a isto? Olhastes claramente para o fogo que está diante de vós, se persistirdes em desprezar o Cristianismo? Recordai as palavras de David: "Disse o néscio no seu coração: Não há Deus" (Salmo 14.1). O insensato, e ninguém mais do que o insensato, disse-o: mas nunca o provou! Lembrem-se, se alguma vez houve um livro que foi provado verdadeiro do princípio ao fim, por todo o tipo de provas, esse livro é a Bíblia. Ela tem desafiado os ataques de todos os inimigos e acusadores. "A palavra do Senhor é provada" (Salmo 18.30). Ela foi testada em todos os sentidos, e quanto mais foi testada, mais evidentemente se mostrou ser a obra do próprio Deus. Em que acreditarás, se não acreditares na Bíblia? Não há escolha a não ser acreditar em algo ridículo e absurdo. Pode crer, nenhum homem é tão grosseiramente ingénuo como o homem que nega que a Bíblia seja a Palavra de Deus; e se for a Palavra de Deus, tenha cuidado para não a desprezar.

Os homens podem dizer-vos que há dificuldades na Bíblia; coisas difíceis de entender. Não seria o livro de Deus se não houvesse. E se houver? Não desprezas os medicamentos porque não consegues explicar tudo o que o teu médico faz com eles. Mas, digam o que disserem os homens, as coisas necessárias para a salvação são tão claras como a luz do dia. Estejam certos disto: as pessoas nunca rejeitam a Bíblia porque não a conseguem compreender. Elas compreendem-na demasiado bem; compreendem que ela condena o seu próprio comportamento; compreendem que ela testemunha contra os seus próprios pecados e os convoca para o julgamento. Tentam acreditar que ela é falsa e inútil, porque não gostam de acreditar que é verdadeira. Um estilo de vida mau deve sempre levantar uma objeção a este livro. Os homens questionam a verdade do cristianismo porque detestam a sua prática.

Jovens, quando é que Deus deixou de cumprir a sua palavra? Nunca. O que ele disse, ele sempre fez; e o que ele falou, ele sempre cumpriu. Ele falhou em cumprir sua palavra no dilúvio? Não. Ele falhou com Sodoma e Gomorra? Não. Falhou com Jerusalém incrédula? Não. Ele falhou com os judeus até esta hora? Não. Ele nunca falhou em cumprir a sua palavra. Tome cuidado para não ser encontrado entre aqueles que desprezam a Palavra de Deus.

Nunca ria do cristianismo. Nunca faça piada das coisas sagradas. Nunca zombe daqueles que são sérios e sinceros com suas almas. Poderá chegar o momento em que considerarás felizes aqueles de quem te riste — um momento em que o teu riso se transformará em tristeza, e a tua zombaria em seriedade.

(5) Outro perigo para os jovens é o MEDO DA OPINIÃO DOS HOMENS.

O "temor do homem" de fato "armará laços" (Provérbios 29.25). É terrível observar o poder que ele tem sobre a maioria das mentes, e especialmente sobre as mentes dos jovens. Poucos parecem ter opiniões próprias, ou pensar por si mesmos. Como peixes mortos, vão com a corrente e a maré: o que os outros acham certo, eles acham certo; e o que os outros chamam de errado, eles chamam de errado também. Não há muitos pensadores originais no mundo. A maior parte dos homens são como ovelhas, seguem um líder. Se a moda do dia fosse ser católico romano, seriam católicos romanos, se fosse islâmico, seriam islâmicos. Temem a ideia de ir contra a corrente dos tempos. Numa palavra, a opinião do dia torna-se a sua religião, o seu credo, a sua Bíblia e o seu Deus.

O pensamento: "O que é que os meus amigos vão dizer ou pensar de mim?" corta pela raiz muitas boas inclinações. O medo de ser olhado, gozado, ridicularizado, impede que muitos bons hábitos sejam adoptados. Há Bíblias que seriam lidas neste mesmo dia, se os donos se atrevessem. Eles sabem que deveriam lê-la, mas têm medo: "O que as pessoas vão dizer?" Há joelhos que poderiam ser dobrados em oração nesta mesma noite, mas o medo do homem o proíbe: "Que diriam a minha mulher, o meu irmão, o meu amigo, o meu companheiro, se me vissem a orar?" Oh, que escravidão miserável é esta, e ainda assim tão comum! "Eu tinha medo do povo e por isso cedi a ele", disse Saul a Samuel: "Pequei, porquanto tenho transgredido a ordem do Senhor" (1 Samuel 15.24). "Receio-me dos judeus", disse Zedequias, o rei sem graça de Judá; e assim ele desobedeceu ao conselho que Jeremias lhe deu (Jeremias 38.19). Herodes tinha medo do que os seus convidados iriam pensar dele: por isso fez o que o deixou "muito angustiado": decapitou João Batista. Pilatos temia ofender os judeus e, por isso, fez o que sabia em sua consciência ser injusto: entregou Jesus para ser crucificado. Se isto não é escravatura, o que é?

Jovens, quero que todos vós sejais livres desta escravidão. Quero que cada um de vós não se importe com a opinião dos homens, quando o caminho do dever é claro. Acreditem em mim, é uma grande coisa poder dizer "Não!" Aqui estava o ponto fraco do bom rei Jeosafá — ele era demasiado fácil e cedente nas suas relações com Acabe, e por isso causou muitos dos seus problemas (1 Reis 22.4). Aprenda a dizer "Não!" Não deixes que o medo de não pareceres bondoso te impeça de o fazer. Quando os pecadores o seduzirem, seja capaz de dizer decididamente: "Não consintas" (Provérbios 1.10).

Considere o quão irracional é esse medo do homem. Quão curta é a hostilidade do homem, e quão pouco mal ele pode fazer-lhe! "Quem, pois, és tu para que temas o homem que é mortal, ou o filho do homem, que se tornará em feno? E te esqueces do Senhor que te criou, que estendeu os céus, fundou a terra (Isaías 51.12–13). E como é ingrato este medo! Ninguém o terá em melhor conta. O mundo respeita sempre mais aqueles que agem corajosamente por Deus. Oh, rompe esses laços e lança de ti essas correntes! Nunca te envergonhes de deixar ver aos homens que queres ir para o Céu. Não penses que é uma vergonha mostrar que és um servo de Deus. Nunca tenhas medo de fazer o que está certo.

Lembra-te das palavras do Senhor Jesus: "E não temais os que matam o corpo e não podem matar a alma; temei antes aquele que pode fazer perecer no inferno a alma e o corpo" (Mateus 10.28). Tente apenas agradar a Deus, e ele logo fará com que os outros se agradem de você. "Sendo os caminhos do homem agradáveis ao Senhor, até a seus inimigos faz que tenham paz com ele" (Provérbios 16.7). Jovens, tenham bom ânimo. Não vos preocupeis com o que o mundo diz ou pensa: não estareis sempre com o mundo. O homem pode salvar a vossa alma? Não. O homem será o vosso juiz no grande e terrível dia do julgamento? O homem pode dar-vos uma boa consciência nesta vida, uma boa esperança na morte, uma boa resposta na manhã da ressurreição? Não! Não! Não! O homem não pode fazer nada disso. Então, "Não temais a zombaria dos homens, nem vos turbeis pelas suas injúrias. Porque a traça os roerá como a roupa e o bicho os comerá como a lã" (Isaías 51.7–8). Recordemos a frase de Gardiner: “Eu temo a Deus e, por isso, não tenho mais ninguém a temer”. Ide e sede como ele.

São estes os avisos que vos dou. Levai-os a peito. Vale a pena pensar nelas. Engano-me muito se elas não forem muito necessárias. O Senhor permita que elas não vos tenham sido dadas em vão.

3.

CONSELHOS GERAIS AOS JOVENS

Em terceiro lugar, gostaria de dar alguns conselhos gerais aos jovens.

(1) PROCURAI TER UMA VISÃO CLARA DA MALDADE DO PECADO.

Jovens, se soubésseis o que é o pecado e o que o pecado tem feito, não acharíeis tão estranho que eu vos exorte como o faço. Vós não o vedes em suas verdadeiras cores. Os vossos olhos são naturalmente cegos à sua culpa e perigo, e por isso não podem compreender o que me faz estar tão preocupado convosco. Oh, não deixes que o diabo consiga persuadir-te de que o pecado é uma coisa pequena!

Pense por um momento no que a Bíblia diz sobre o pecado; como ele habita naturalmente no coração de todo homem e mulher vivos (Eclesiastes 7.20; Romanos 3.23), como ele contamina nossos pensamentos, palavras e ações, e isso continuamente (Gênesis 6.5; Mateus 15.19), como nos torna todos culpados e abomináveis aos olhos de um Deus santo (Isaías 64.6; Habacuque 1.13), como nos deixa totalmente sem esperança de salvação, se olharmos para nós mesmos (Salmo 143.2; Romanos 3.20), como o seu fruto neste mundo é a vergonha, e o seu salário no mundo vindouro — a morte (Romanos 6.21, 23). Pensem calmamente em tudo isto.

Digo-vos hoje que é tão triste estar a morrer de cancro e não o saber, como ser um homem vivo e não o saber.

Pensem na terrível mudança que o pecado operou em todas as nossas naturezas. O homem já não é o que era quando Deus o formou do pó da terra. Ele saiu das mãos de Deus íntegro e sem pecado (Eclesiastes 7.29). No dia da sua criação, era, como tudo o resto, "muito bom" (Gênesis 1.31). E o que é o homem agora? Uma criatura decaída, uma ruína, um ser que mostra as marcas da corrupção por todos os lados, seu coração como Nabucodonosor, degradado e terreno, olhando para baixo e não para cima, suas afeições como uma casa em desordem, não chamando ninguém de senhor, toda extravagância e confusão, seu entendimento como uma lâmpada tremeluzindo no soquete, impotente para guiá-lo, não conhecendo o bem do mal, sua vontade como um navio sem leme, jogado de um lado para o outro por todo desejo, e constante apenas em escolher qualquer caminho em vez do de Deus. Que destroço é o homem, comparado com o que poderia ter sido! Podemos entender o uso de figuras como cegueira, surdez, doença, sono, morte, quando o Espírito tem que nos dar uma imagem do homem como ele é. E o homem como ele é, lembrem-se, foi feito assim pelo pecado.

Pensem também no que custou fazer a expiação do pecado, e providenciar o perdão e o perdão para os pecadores. O próprio Filho de Deus tem de vir ao mundo e tomar sobre si a nossa natureza, a fim de pagar o preço da nossa redenção e libertar-nos da maldição de uma lei quebrada. Aquele que estava no princípio com o Pai, e por quem todas as coisas foram feitas, deve sofrer pelo pecado — o justo pelo injusto — deve morrer a morte de um criminoso, antes que o caminho para o céu possa ser aberto a qualquer alma. Veja o Senhor Jesus Cristo desprezado e rejeitado pelos homens, flagelado, escarnecido e insultado — veja-o sangrando na cruz do Calvário — ouça-o clamando em agonia: "Deus meu, Deus meu, por que me desamparaste?" Reparai como o sol se escureceu e as rochas tremeram ao vê-lo; e depois considerai, jovens, qual deve ser o mal e a culpa do pecado.

Pensem, também, no que o pecado já fez na Terra. Pensem em como ele expulsou Adão e Eva do Éden, trouxe o dilúvio para o velho mundo, fez descer fogo sobre Sodoma e Gomorra, afogou Faraó e seu exército no Mar Vermelho, destruiu as sete nações ímpias de Canaã, espalhou as doze tribos de Israel pela face da Terra. Só o pecado fez tudo isso.

Pense, além disso, em toda a miséria e tristeza que o pecado causou, e ainda causa, até hoje. Dor, doença, morte, contendas, brigas, divisões, inveja, ciúme, malícia, engano, fraude e trapaça, violência, opressão, roubo, egoísmo, indelicadeza e ingratidão; tudo isso são frutos do pecado. O pecado é o pai de todos eles. É o pecado que tem estragado e estragado a face da criação de Deus.

Jovens, considerai estas coisas e não vos admirareis de que preguemos como o fazemos. Certamente, se pensásseis nelas, romperíeis com o pecado para sempre. Ireis brincar com o veneno? Brincaríeis com o inferno? Tomaríeis fogo em vossas mãos? Abrigarás nos teus braços o teu inimigo mais mortal? Continuarás a viver como se nada importasse, se os teus pecados estão perdoados ou não, se o pecado tem domínio sobre ti, ou tu sobre o pecado? Oh, despertai para o sentido da pecaminosidade e do perigo do pecado! Lembra-te das palavras de Salomão: “Os loucos zombam do pecado, mas entre os retos há benevolência” (Provérbios 14.9).

Ouçam, então, o pedido que vos faço hoje: rezem para que Deus vos ensine o verdadeiro mal do pecado. Se queres que a tua alma seja salva, levanta-te e reza.

(2) PROCURAR CONHECER NOSSO SENHOR JESUS CRISTO.

Essa é, de fato, a principal coisa no cristianismo. Esta é a pedra angular do cristianismo. Até que o saibais, as minhas advertências e conselhos serão inúteis, e os vossos esforços, sejam eles quais forem, serão em vão. Um relógio que não marca o tempo é tão inútil quanto a religião sem Cristo.

Mas não me deixem ser mal interpretado. Não é o mero conhecimento do nome de Cristo que quero dizer, é o conhecimento da sua misericórdia, graça e poder, o conhecimento dele não pela audição do ouvido, mas pela experiência dos vossos corações. Quero que o conheçais pela fé, quero que, como diz Paulo, conheçais "à comunicação de suas aflições, sendo feito conforme à sua morte" (Filipenses 3.10). Quero que possas dizer dele: "Ele é a minha paz e a minha força, a minha vida e a minha consolação, o meu Médico e o meu Pastor, o meu Salvador e o meu Deus".

Por que é que faço tanta questão disto? Faço-o porque só em Cristo "toda a plenitude nele habitasse" (Colossenses 1.19), porque só nele há um suprimento completo de tudo o que precisamos para as necessidades das nossas almas. Por nós mesmos, somos todos criaturas pobres e vazias, vazias de justiça e paz, vazias de força e conforto, vazias de coragem e paciência, vazias de poder para permanecer, prosseguir ou progredir neste mundo mau. É somente em Cristo que todas essas coisas podem ser encontradas — graça, paz, sabedoria, justiça, santificação e redenção. É apenas na proporção em que vivemos nele que somos cristãos fortes. Somente quando o eu não for nada e Cristo for toda a nossa confiança, é que faremos grandes proezas. Só então estaremos armados para a batalha da vida, e venceremos. Só então estaremos preparados para a jornada da vida e avançaremos. Viver de Cristo, tirar tudo de Cristo, fazer tudo na força de Cristo, estar sempre olhando para Cristo; este é o verdadeiro segredo da prosperidade espiritual. "Posso todas as coisas", diz Paulo, "em Cristo que me fortalece" (Filipenses 4.13).

Jovens, coloco hoje diante de vós Jesus Cristo, como o tesouro das vossas almas; e convido-vos a começar por ir ter com ele. Que este seja o vosso primeiro passo — ir a Cristo. Quereis consultar amigos? Ele é o melhor amigo: "há um amigo mais chegado do que um irmão"

(Provérbios 18.24). Sente-se indigno por causa dos seus pecados? Não tenhas medo: o seu sangue purifica de todo o pecado. Ele diz: "Ainda que os vossos pecados sejam como a escarlata, eles se tornarão brancos como a neve; ainda que sejam vermelhos como o carmesim, se tornarão como a branca lã" (Isaías 1.18). Sente-se fraco e incapaz de o seguir? Não tenham medo: Ele dar-vos-á o poder de se tornarem filhos de Deus. Dar-vos-á o Espírito Santo para viver em vós e selar-vos para ele; dar-vos-á um coração novo e porá dentro de vós um espírito novo. Estás perturbado ou atormentado por uma estranha inclinação para o mal? Não temais: não há espírito mau que Jesus não possa expulsar, não há doença da alma que ele não possa curar. Tens dúvidas e receios? Deita-os fora: "Vinde a mim", diz ele; "quem vem a mim, nunca o afastarei". Ele conhece muito bem o coração de um jovem. Conhece as vossas provações e as vossas tentações, as vossas dificuldades e os vossos inimigos. Nos dias da sua carne, ele era como vós — um jovem em Nazaré. Ele conhece por experiência a mente de um jovem. Ele pode compreender o sentimento das vossas tentações — porque ele próprio sofreu quando foi tentado. Certamente não tereis desculpa se vos afastardes de um Salvador e Amigo como este.

Escutai o pedido que vos faço hoje: se amais a vida, procurai conhecer Jesus Cristo.

(3) NUNCA SE ESQUEÇAM DE QUE NADA É TÃO IMPORTANTE COMO A VOSSA ALMA.

A vossa alma é eterna. Ela viverá para sempre. O mundo e tudo o que ele contém passarão — firme, sólido, belo, bem ordenado como é, o mundo chegará ao fim. "Os céus passarão com grande estrondo, e os elementos, ardendo se desfarão, e a terra, e as obras que nela há, se queimarão" (2 Pedro 3.10). As obras dos estadistas, dos escritores, dos pintores, dos arquitetos, são todas de curta duração: a vossa alma viverá mais do que todas elas. A voz do anjo proclamará um dia: "Não haveria mais demora" (Apocalipse 10.6). Tenta, peço-te, tomar consciência do fato de que a tua alma é a única coisa pela qual vale a pena viver. É a parte de ti que deve ser sempre considerada em primeiro lugar. Nenhum lugar, nenhum emprego é bom para ti, que prejudique a tua alma. Nenhum amigo, nenhum companheiro merece a tua confiança, se não fizer caso das preocupações da tua alma. O homem que te fere, a tua propriedade, o teu carácter, só te faz mal temporário. O teu verdadeiro inimigo é aquele que conspira para prejudicar a tua alma.

Pensa por um momento porque nasceste no mundo. Não foi apenas para comer e beber e satisfazer os desejos da carne, não foi apenas para vestir o vosso corpo e seguir os seus desejos para onde quer que eles vos levem, não foi apenas para trabalhar, dormir, rir, falar, divertir-se e não pensar em mais nada além do tempo. Não! Fostes destinados a algo mais elevado e melhor do que isso. Fostes colocados aqui para treinar para a eternidade. O vosso corpo foi concebido apenas para ser uma casa para o vosso espírito imortal. É ir contra os propósitos de Deus fazer como muitos fazem — fazer da alma um servo do corpo, e não do corpo um servo da alma.

Jovens, Deus não mostra favoritismo ou respeita as honras concedidas pelos homens. Ele não recompensa a herança, a riqueza, o posto ou a posição do homem. Ele não vê com os olhos do homem. O santo mais pobre que já morreu num gueto é mais nobre aos seus olhos do que o pecador mais rico que já morreu num palácio. Deus não olha para riquezas, títulos, educação, beleza, ou qualquer coisa do género. Há apenas uma coisa para a qual Deus olha, que é a alma imortal. Ele mede todos os homens por um padrão, uma medida, um teste, um critério, e esse é o estado de suas almas.

Não vos esqueçais disso. Tenham em vista, de manhã, ao meio-dia e à noite, os interesses da vossa alma. Levantai-vos todos os dias com o desejo de que a vossa alma se supere, deitai-vos todas as noites, perguntando a vós próprios se a vossa alma cresceu realmente. Lembrai-vos de Zeuxis, o grande pintor da antiguidade. Quando lhe perguntaram por que é que ele trabalhava tão intensamente e se esforçava tanto em cada quadro, a sua resposta simples foi: "Pinto para a eternidade". Não vos envergonheis de ser como ele. Colocai a vossa alma imortal diante dos olhos da vossa mente, e quando os homens vos perguntarem por que viveis como viveis, respondei-lhes no seu espírito: "Vivo para a minha alma". Acredita em mim, está a chegar o dia em que a alma será a única coisa em que os homens pensarão, e a única questão de importância será esta: "A minha alma está perdida ou salva?"

(4) LEMBREM-SE DE QUE É POSSÍVEL SER UM JOVEM E AINDA ASSIM SERVIR A DEUS.

Eu temo as armadilhas que Satanás prepara para vós neste ponto. Temo que ele consiga encher as vossas mentes com a vã noção de que ser um verdadeiro cristão na juventude é impossível. Já vi muitos serem levados por essa ilusão. Já ouvi dizer: "Estão a exigir uma impossibilidade ao esperar tanto cristianismo dos jovens. A juventude não é tempo para seriedade. Os nossos desejos são fortes, e nunca se pretendeu que os mantivéssemos sob um controle cristão tão forte, como desejais que façamos. Deus quis que nos divertíssemos. Haverá muito tempo para a religião no futuro". E este tipo de conversa é muito encorajado pelo mundo. O mundo está muito pronto para piscar os olhos aos pecados da juventude. O mundo parece pensar que é uma questão natural que os jovens devem "semear a aveia selvagem". O mundo parece tomar como certo que os jovens devem ser irreligiosos, e que não é possível para eles seguir a Cristo.

Jovens, faço-vos esta simples pergunta — Onde encontrareis algo disto na Palavra de Deus? Onde está o capítulo ou versículo da Bíblia que apoiará essa conversa e raciocínio do mundo? A Bíblia não fala para velhos e jovens igualmente, sem distinção? O pecado não é pecado, quer seja cometido aos vinte ou aos cinquenta anos? Será que, no dia do julgamento, será a menor desculpa dizer: "Eu sei que pequei, mas eu era jovem na época?" Mostrai o vosso bom senso, peço-vos, abandonando essas desculpas vãs. Sois responsáveis e prestais contas a

Deus a partir do momento em que conheceis o certo e o errado.

Eu sei muito bem que há muitas dificuldades no caminho de um homem. Mas há sempre dificuldades no caminho do bem. O caminho para o céu é sempre estreito, quer sejamos jovens ou velhos. Há dificuldades, mas Deus dar-vos-á a graça de as ultrapassar. Deus não é um mestre duro. Ele não vai, como o Faraó, exigir que faças tijolos sem palha. Ele certificar-se-á de que o caminho que nos pede para percorrer nunca é um caminho impossível. Ele nunca deu ordens ao homem que não daria ao homem o poder de executar.

Há dificuldades, mas muitos jovens já as ultrapassaram no passado, e tu também podes fazê-lo. Moisés era um jovem com paixões como tu; mas vê o que é dito sobre ele nas Escrituras: "Pela fé Moisés, sendo já grande, recusou ser chamado filho da filha de Faraó, escolhendo antes ser maltratado com o povo de Deus, do que por um pouco de tempo ter o gozo do pecado; tendo por maiores riquezas o vitupério de Cristo do que os tesouros do Egito; porque tinha em vista a recompensa" (Hebreus 11.24–26). Daniel era um jovem quando começou a servir a Deus na Babilónia. Estava rodeado de tentações de todo o género. Tinha poucas pessoas com ele, e muitas contra ele. No entanto, a vida de Daniel era tão irrepreensível e consistente, que nem mesmo seus inimigos conseguiam encontrar qualquer falha nele, a não ser "acharmos contra ele na lei do seu Deus" (Daniel 6.5). E estes não são casos isolados. Há uma nuvem de testemunhas que eu poderia citar. O tempo não me permitiria, se eu vos falasse do jovem Isaac, do jovem José, do jovem Josué, do jovem Samuel, do jovem David, do jovem Salomão, do jovem Abias, do jovem Obadias, do jovem Josias, do jovem Timóteo. Estes não eram anjos, mas homens, com corações naturais como o vosso. Também eles tinham obstáculos a enfrentar, desejos a mortificar, provações a suportar, lugares difíceis a percorrer, como qualquer um de vós. Mas, jovens como eram, todos eles acharam possível servir a Deus. Não se levantarão todos em julgamento e condenar-vos-ão, se persistirem em dizer que não pode ser feito?

Jovens, tentai servir a Deus. Resisti ao diabo quando ele sussurrar que é impossível. Tentai, e o Senhor Deus das promessas dar-vos-á força na prova. Ele gosta de se encontrar com aqueles que lutam para se aproximarem dele, e encontrar-se-á convosco e dar-vos-á a força de que sentis necessidade. Sê como o homem que o Peregrino de Bunyan viu na casa do Intérprete, avança corajosamente, dizendo "Escreve o meu nome". Essas palavras de nosso Senhor são verdadeiras, embora eu as ouça muitas vezes repetidas por línguas insensíveis: "Buscai e encontrareis; batei e abrir-se-vos-á" (Mateus 7.7).

Dificuldades que pareciam montanhas, desvanecer-se-ão como a neve na primavera. Os obstáculos que pareciam gigantes ao longe, tornar-se-ão em nada quando os enfrentarmos. O leão que bloqueia o caminho que percorreis e vos causa grande medo, revelar-se-á acorrentado e incapaz de vos fazer mal. Se os homens acreditassem mais nas promessas, nunca teriam medo dos deveres que lhes são atribuídos. Lembrai-vos, porém, desta pequena palavra que vos dirijo, e quando Satanás disser: "Não podeis ser cristão enquanto sois jovem", respondei-lhe: "Para trás de mim, Satanás; com a ajuda de Deus, tentarei".

(5) DETERMINA, ENQUANTO VIVERES, QUE A BÍBLIA SEJA O TEU GUIA E CONSELHEIRO.

A Bíblia é a provisão misericordiosa de Deus para a alma do homem pecador, o mapa pelo qual ele deve orientar seu curso, se quiser alcançar a vida eterna. Tudo o que precisamos de saber, para nos tornar pacíficos, santos ou felizes, está ricamente contido nela. Se um jovem quer saber como começar bem a sua vida, que ouça o que diz David: "Com que purificará o jovem o seu caminho? Observando-o conforme a tua palavra" (Salmo 119.9).

Jovens, peço-vos que crieis o hábito de ler a Bíblia, e que não deixeis que esse hábito seja quebrado. Não deixem que o riso dos amigos, não deixem que os maus costumes da família em que vivem, não deixem que nenhuma destas coisas vos impeça de o fazer. Determina que não só terás uma Bíblia, mas também terás tempo para a ler. Não deixe que ninguém o convença de que é apenas um livro para crianças da escola dominical e mulheres idosas. É o livro do qual o rei David obteve sabedoria e entendimento. É o livro que o jovem Timóteo conhecia desde a sua infância. Nunca te envergonhes de o ler. Não "despreza a palavra" (Provérbios 13.13).

Lê-o com a oração de que a graça do Espírito Santo te ajude a compreendê-lo. Já foi dito: "Um homem pode tão logo ler a Escritura sem olhos, quanto entender o espírito dela sem graça".

Leia-a com reverência, como a Palavra de Deus, não do homem, acreditando implicitamente que o que ela aprova é certo, e o que ela condena é errado. Esteja certo de que toda doutrina que não resiste ao teste das Escrituras é falsa. Isso evitará que sejais jogados de um lado para outro e levados pelas opiniões perigosas destes últimos dias. Esteja certo de que toda prática em sua vida que é contrária às Escrituras é pecaminosa e deve ser abandonada. Isso resolverá muitas questões de consciência, e cortará o nó de muitas dúvidas. Lembre-se de como dois reis de Judá leram a Palavra de Deus de forma diferente: Jeoaquim leu-a, e logo rasgou a página em pedaços, e queimou-a no fogo (Jeremias 36.23). E por quê? Porque o seu coração se rebelou contra ela, e ele estava decidido a não obedecer. Josias leu-o, e logo rasgou as suas vestes, e clamou fortemente ao Senhor (2 Crônicas 34.19). E por quê? Porque o seu coração era terno e obediente. Ele estava pronto para fazer qualquer coisa que as Escrituras lhe mostrassem ser seu dever. Oh, que possas seguir o último destes dois, e não o primeiro!

E leia-a regularmente. Esta é a única maneira de se tornar "poderoso nas Escrituras". Uma rápida olhada na Bíblia de vez em quando faz pouco bem. Assim, nunca te familiarizarás com os seus tesouros, nem sentirás a espada do Espírito ajustada à tua mão na hora do conflito. Mas armazene sua mente com as Escrituras, através de uma leitura diligente, e logo descobrirá seu valor e poder. Textos surgirão nos vossos corações no momento da tentação. Os mandamentos sugerir-se-ão nos momentos de dúvida. As promessas surgirão nos vossos pensamentos nos momentos de desânimo. E assim experimentareis a verdade das palavras de David: "A tua palavra tenho eu escondida no meu coração, para eu não pecar contra ti" (Salmo 119.11); e das palavras de Salomão: "Quando caminhares, te guiará; quando te deitares, te guardará; quando acordares, falará contigo" (Provérbios 6.22).

Detenho-me mais nestas coisas porque estamos na era da leitura. Parece não haver fim para a produção de muitos livros, embora poucos deles sejam realmente proveitosos. Parece haver uma fúria por impressão e publicação baratas. Abundam os jornais de todos os géneros, e o tom de alguns, que têm a maior circulação, diz mal do gosto da época. Em meio à enxurrada de leituras perigosas, eu imploro pelo livro do meu Mestre, eu vos exorto a não esquecer o livro da alma. Não permitais que se leiam jornais, novelas e romances, enquanto os profetas e apóstolos são desprezados. Não deixem que o excitante e o sensual engulam sua atenção, enquanto a edificação e a santificação não encontram lugar em sua mente.

Jovens, dai à Bíblia a honra que lhe é devida todos os dias da vossa vida. Tudo o que lerdes, lede-a primeiro. E tomai cuidado com os maus livros: há muitos hoje em dia. Tenham cuidado com o que leem. Suspeito que há mais danos causados às almas desta forma do que a maioria das pessoas imagina ser possível. Valoriza todos os livros na proporção em que estão de acordo com as Escrituras. Os que estão mais próximos dela são os melhores, e os que estão mais afastados dela, e mais contrários a ela, os piores. (6) Nunca se torne amigo íntimo de alguém que não seja amigo de Deus.

Entendam, não estou a falar de conhecidos. Não quero dizer que não devas ter nada a ver com ninguém, a não ser com os verdadeiros cristãos. Não é possível nem desejável adotar tal atitude neste mundo. O cristianismo não exige que ninguém seja indelicado.

Mas aconselho-vos a serem muito cuidadosos na escolha dos vossos amigos. Não abram todo o vosso coração a um homem apenas porque ele é inteligente, agradável, de boa índole e amável. Essas coisas são muito boas à sua maneira, mas não são tudo. Nunca se satisfaça com a amizade de alguém que não seja útil à sua alma.

Acreditem, a importância deste conselho não pode ser subestimada. Não há como dizer o mal que se faz ao se associar com companheiros e amigos sem Deus. O demónio tem poucas ajudas melhores para arruinar a alma de um homem. Concedei-lhe essa ajuda, e ele pouco se importa com toda a armadura com que vos podeis armar contra ele. Boa educação, hábitos precoces de moralidade, sermões, livros, tudo, ele sabe bem, de pouco vos valerá, se apenas vos agarrardes a amigos ímpios. Podeis resistir a muitas tentações abertas, recusar muitas armadilhas claras; mas uma vez que tomais um mau companheiro, e ele fica satisfeito. Aquele capítulo terrível que descreve a conduta perversa de Amnom em relação a Tamar, quase começa com estas palavras: "Tinha, porém, Amnom um amigo, cujo nome era Jonadabe, filho de Siméia, irmão de Davi; e era Jonadabe homem mui sagaz" (2 Samuel 13.3).

É preciso lembrar que todos nós somos criaturas de imitação: o preceito pode ensinar-nos, mas é o exemplo que nos atrai. Existe isso em todos nós, que estamos sempre dispostos a seguir os caminhos daqueles com quem convivemos; e quanto mais gostamos deles, mais forte é essa disposição. Sem que nos apercebamos, eles influenciam os nossos gostos e opiniões; gradualmente, abandonamos o que eles não gostam e adoptamos o que eles gostam, para nos tornarmos mais amigos deles. E, o pior de tudo, apanhamos as suas maneiras em coisas erradas muito mais depressa do que em coisas certas. Infelizmente, a saúde não é contagiosa, mas a doença sim. É muito mais fácil apanhar um resfriado do que transmitir um calor; e fazer com que a religião uns dos outros diminua, do que crescer e prosperar.

Rapazes, peço-vos que levem estas coisas a peito. Antes de deixarem que alguém se torne vosso companheiro constante, antes de adquirirem o hábito de lhe contar tudo e de lhe falarem de todos os vossos problemas e de todos os vossos prazeres — antes de o fazerem, pensem no que tenho estado a dizer; perguntem a vós próprios: "Será esta uma amizade útil para mim ou não?"

As "más conversações" de fato "corrompem os bons costumes" (1 Coríntios 15.33). Gostaria que esse texto estivesse escrito no coração de todos os jovens. Bons amigos estão entre nossas maiores bênçãos; eles podem nos manter longe de muitos males, lembrar-nos de nosso curso, dizer uma palavra apropriada na hora certa, nos levar para cima e nos atrair. Mas um mau amigo é um fardo, um peso que nos arrasta continuamente para baixo e nos acorrenta à terra. Se vos juntardes a um homem não salvo, é mais do que provável que, no fim, vos torneis como ele. Os bons descem para os maus, e os maus não sobem para os bons. O provérbio do mundo é muito correto: "As roupas e as companhias contam histórias verdadeiras sobre o carácter." "Mostra-me com quem um homem vive e eu mostrar-te-ei o que ele é."

Insisto neste ponto, porque tem mais a ver com as vossas perspectivas de vida do que parece à primeira vista. Se algum dia se casarem, é mais do que provável que escolham uma esposa entre o vosso círculo de amigos ou os conhecidos deles. Se Jeosafá, filho de Jeorão, não tivesse feito amizade com a família de Acabe, muito provavelmente não teria casado com a filha de Acabe. E quem pode avaliar a importância de uma escolha correta no casamento? É um passo que, segundo o velho ditado, "ou faz um homem ou o arruína". Sua felicidade em ambas as vidas pode depender disso. Sua esposa deve ajudar sua alma ou prejudicá-la. Ou ela vai atiçar a chama do cristianismo em seu coração, ou jogar água fria sobre ela, e fazê-la arder. Ela será, ou asas ou algemas, um encorajamento ou um obstáculo ao vosso cristianismo, de acordo com o seu carácter. Aquele que encontra uma boa esposa, de fato "encontra uma coisa boa"; por isso, se tiveres o desejo de encontrar uma, tem muito cuidado com a escolha dos teus amigos.

Perguntais-me que tipo de amigos deveis escolher? Escolhe amigos que beneficiem a tua alma, amigos que possas realmente respeitar, amigos que gostarias de ter perto de ti no teu leito de morte, amigos que amem a Bíblia e não tenham medo de falar contigo sobre ela, amigos que não te envergonharias de ter na vinda de Cristo e no dia do julgamento. Siga o exemplo que David lhe dá: ele diz: "Companheiro sou de todos os que te temem e dos que guardam os teus preceitos" (Salmo 119.63). Lembre-se das palavras de Salomão: "O que anda com os sábios ficará sábio, mas o companheiro dos tolos será destruído" (Provérbios 13.20). Mas, pode ter a certeza, a má companhia nesta vida é o caminho certo para obter pior companhia na vida futura.

IV.

REGRAS ESPECIAIS PARA OS JOVENS

Em último lugar, vou estabelecer algumas regras particulares de conduta que aconselho vivamente a todos os jovens.

(1) RESOLVAM-SE IMEDIATAMENTE, COM A AJUDA DE DEUS, A ACABAR COM TODOS OS PECADOS CONHECIDOS, POR MENORES QUE SEJAM.

Cada um de vós olhe para dentro de si. Examinai os vossos próprios corações. Vedes algum hábito ou costume que sabeis ser errado aos olhos de Deus? Se o virdes, não demoreis um momento a atacá-lo. Resolvei imediatamente pô-lo de lado. Nada escurece tanto os olhos da mente, e amortece a consciência tão seguramente, como um pecado permitido. Pode ser um pecado pequeno, mas nem por isso é menos perigoso. Um pequeno vazamento afundará um grande navio, e uma pequena faísca acenderá um grande incêndio, e um pequeno pecado permitido da mesma forma arruinará uma alma imortal. Segui o meu conselho e nunca poupeis um pequeno pecado. Foi ordenado a Israel que matasse todos os cananeus, grandes e pequenos. Agi segundo o mesmo princípio e não mostreis misericórdia para com os pequenos pecados. Bem diz o livro do Cântico dos Cânticos: "Apanhai-nos as raposas, as raposinhas, que fazem mal às vinhas" (Cântico dos Cânticos 2.15).

Podeis ter a certeza de que nenhum homem perverso pretendeu ser tão perverso no seu início. Mas ele começou por se permitir alguns pequenos pecados, e isso levou a algo maior, e isso com o tempo produziu algo ainda maior, e assim ele se tornou o ser miserável que é agora. Quando Hazael ouviu de Eliseu os atos horríveis que um dia iria fazer, disse com espanto: "Pois, que é teu servo, que não é mais do que um cão, para fazer tão grande coisa?" (2 Reis 8.13). Mas ele permitiu que o pecado se enraizasse no seu coração e, no fim, acabou por os fazer a todos.

Jovens, resistam ao pecado no seu início. Eles podem parecer pequenos e insignificantes, mas prestem atenção ao que digo, resistam a eles, não façam concessões, não deixem que nenhum pecado se aloje tranquilamente e sem perturbações no vosso coração. Não há nada mais fino do que a ponta de uma agulha, mas quando ela faz um buraco, atrai toda a linha atrás de si. Lembrai-vos das palavras do Apóstolo: "Não sabeis que um pouco de fermento faz levedar toda a massa?" (1 Coríntios 5.6).

Muitos jovens poderiam dizer-vos, com tristeza e vergonha, que atribuem a ruína de todas as suas perspectivas mundanas ao ponto de que falo — a dar lugar ao pecado nos seus primórdios. Ele começou a ter hábitos de engano e desonestidade em pequenas coisas, e eles cresceram nele. Passo a passo, ele foi indo de mal a pior, até que fez coisas que antes teria considerado impossíveis, até que finalmente perdeu sua posição, perdeu seu caráter, perdeu sua paz e quase perdeu sua alma. Ele permitiu uma brecha no muro da sua consciência, porque parecia pequena, e uma vez permitida, essa brecha cresceu cada dia mais, até que com o tempo todo o muro pareceu cair.

Lembrem-se disso especialmente em questões de verdade e honestidade. Tenham cuidado até com a menor sílaba dita. "Quem é fiel no mínimo, também é fiel no muito" (Lucas 16.10). Independentemente do que o mundo queira pensar, não existem pequenos pecados. Todos os grandes edifícios são feitos de pequenas partes — a primeira pedra é tão importante como qualquer outra. Todos os hábitos são formados por uma sucessão de pequenos atos, e o primeiro pequeno ato é de grande consequência. O machado da fábula apenas implorou às árvores que lhe dessem um pequeno pedaço de madeira para fazer um cabo, e ele nunca mais as incomodaria. Conseguiu-o, e logo as cortou a todas. O diabo só quer enfiar a cunha de um pequeno pecado permitido em seu coração, e logo você será todo dele. É um ditado sábio, "Não há nada pequeno entre nós e Deus, pois Deus é um Deus infinito".

Há duas maneiras de descer do topo de uma escada; uma é saltar para baixo, e a outra é descer pelos degraus: mas ambas te levarão ao fundo. Assim também há duas maneiras de ir para o inferno; uma é entrar nele de olhos abertos — poucas pessoas fazem isso; a outra é descer pelos degraus dos pequenos pecados — e essa maneira, receio, é muito comum. Se tolerares alguns pequenos pecados, em breve quererás mais alguns. Até mesmo um pagão poderia dizer: "Quem já se contentou com apenas um pecado?" Se tolerares pequenos pecados, então o teu caminho na vida será cada vez pior a cada ano que passa. Jeremy Taylor descreveu muito claramente o progresso do pecado num homem:

Primeiro assusta-o, depois torna-se agradável, depois fácil, depois agradável, depois frequente, depois habitual, depois um modo de vida! Depois, o homem não se sente culpado, depois obstina-se, depois resolve nunca se arrepender, e então está condenado.

Jovens, se não quiserem chegar a isso, lembrem-se da regra que vos dou hoje — resolvam imediatamente acabar com todo pecado conhecido.

(2) RESOLVAM, COM A AJUDA DE DEUS, EVITAR TUDO O QUE POSSA SER UMA OCASIÃO DE PECADO.

É um excelente ditado, "Aquele que quer estar a salvo dos atos do mal, deve evitar amplamente as ocasiões." Há uma velha fábula que diz que a borboleta uma vez perguntou à coruja como ela deveria lidar com o fogo, que tinha chamuscado suas asas; e a coruja aconselhou-a, em resposta, a nem mesmo olhar para sua fumaça. Não é suficiente que nos decidamos a não cometer o pecado, temos de nos manter cuidadosamente afastados de todas as aproximações a ele. Por este teste, devemos examinar a forma como passamos o nosso tempo — os livros que lemos, os amigos que visitamos, a parte da sociedade com a qual interagimos. Não devemos contentar-nos em dizer: "Não há nada de errado aqui"; devemos ir mais longe e dizer: "Há alguma coisa aqui que possa levar-me a pecar?"

Esta é uma grande razão pela qual a ociosidade deve ser evitada. Não é que não fazer nada seja em si mesmo tão perverso; é a oportunidade que dá aos pensamentos maus e vazios; é a porta larga que abre a Satanás para lançar as sementes das coisas más; é isto que deve ser principalmente temido. Se David não tivesse dado oportunidade ao demónio, ao passear no terraço da sua casa em Jerusalém sem nada para fazer, provavelmente nunca teria visto Betsabé a banhar-se, nem assassinado o seu marido Urias.

Essa também é uma boa razão pela qual os entretenimentos mundanos são tão questionáveis. Pode ser difícil, em alguns casos, mostrar que eles são, em si mesmos, positivamente antibíblicos e errados. Mas há pouca dificuldade em mostrar que a tendência de quase todos eles é muito prejudicial à alma. Eles semeiam as sementes de um estado de espírito terreno e sensual. Elas lutam contra a vida de fé. Promovem um desejo doentio e não natural de excitação. Servem à concupiscência da carne, à concupiscência dos olhos e à soberba da vida. Eles obscurecem a visão do céu e da eternidade, e dão uma cor falsa às coisas do tempo. Tiram o tempo para a oração particular, a leitura das Escrituras e a calma comunhão com Deus. O homem que se mistura com elas é como aquele que dá uma vantagem a Satanás. Ele tem uma batalha a travar, e dá ao seu inimigo a ajuda do sol, do vento e das colinas. Seria, de fato, estranho se ele não se encontrasse continuamente vencido.

Jovens, esforçai-vos, tanto quanto possível, por vos manterdes afastados de tudo o que possa ser prejudicial à vossa alma. As pessoas podem dizer que sois demasiado conscienciosos, demasiado exigentes, e perguntar onde está o grande mal de tais e tais coisas? Mas não lhes dês ouvidos. É perigoso fazer truques com ferramentas afiadas: é muito mais perigoso tomar liberdades com a vossa alma imortal. Aquele que quer estar seguro não deve aproximar-se da beira do perigo. Ele deve olhar para o seu coração como um barril de pólvora, e ser cauteloso para não manusear uma faísca de tentação mais do que ele pode evitar.

De que serve orar: "Senhor, guarda-me da tentação", se não tiveres cuidado para não cair nela e "guarda-me do mal", se não mostrares o desejo de te manteres fora do seu caminho? Veja-se o exemplo de José: não só recusou a solicitação da mulher do seu senhor para pecar, como mostrou a sua prudência ao recusar estar "com ela" (Gênesis 39.10). Tomar a peito o conselho de Salomão, não só de "não pôr os pés na vereda dos ímpios", mas também de "Rejeita-o; não passes por ele; desvia-te dele e passa de largo" (Provérbios 4.15);

"Não olhes para o vinho quando se mostra vermelho, quando resplandece no copo e se escoa suavemente" (Provérbios 23.31). O homem que fazia o voto de nazireu em Israel, não só não tomava vinho, mas também se abstinha de uvas de qualquer forma. "Aborrecei o mal", diz Paulo aos Romanos (Romanos 12.9); não apenas para não o fazer; "Foge também das paixões da mocidade", escreve ele a Timóteo; afastai-vos deles tanto quanto possível (2 Timóteo 2.22). Oh, quão necessárias são essas precauções! Diná tinha acabado de sair para o meio dos ímpios siquemitas, para ver os seus caminhos, e perdeu a virgindade. Ló acabou de armar sua tenda perto da pecaminosa Sodoma, e perdeu tudo, menos a vida.

Jovens, sejam sábios com o vosso tempo. Não estejais sempre a tentar ver quão perto podeis permitir que o inimigo das almas se aproxime, e ainda assim escapar-lhe. Mantenham-no à distância de um braço. Tentai manter-vos afastados da tentação, tanto quanto possível, e isto será uma grande ajuda para vos manterdes afastados do pecado.

(3) RESOLVER NUNCA ESQUECER O OLHO DE DEUS.

O olho de Deus! Pensai nisso. Em todo o lado, em todas as casas, em todos os campos, em todas as salas, em todas as companhias, sozinho ou no meio de uma multidão, os olhos de Deus estão sempre postos em nós. "Os olhos do Senhor estão em todo lugar, contemplando os maus e os bons" (Provérbios 15.3), e são olhos que leem tanto os corações como as ações.

Esforçai-vos, peço-vos, por compreender este fato. Lembra-te que tens de lidar com um Deus que tudo vê, um Deus que nunca dorme, um Deus que compreende os teus pensamentos e com quem a noite brilha como o dia. Podes deixar a casa do teu pai e ir embora, como o pródigo, para um país distante, e pensar que não há ninguém para vigiar a tua conduta; mas o olho e o ouvido de Deus estão lá diante de ti. Podeis enganar os vossos pais ou patrões, podeis dizer-lhes mentiras e agir de uma maneira diante deles e de outra nas suas costas, mas não podeis enganar Deus. Ele conhece-o completamente. Ele ouviu o que disseste quando chegaste aqui hoje. Ele sabe no que está a pensar neste momento. Ele colocou os vossos pecados mais secretos à luz do seu semblante, e eles um dia virão à tona diante do mundo para vossa vergonha, a menos que tomem cuidado.

Quão pouco isso é realmente sentido! Quantas coisas são feitas continuamente, que os homens nunca fariam se pensassem que fossem vistas! Quantos assuntos são tratados nas salas da imaginação, que nunca suportariam a luz do dia! Sim, os homens têm pensamentos em privado, dizem palavras em privado e praticam atos em privado, que se envergonhariam de expor perante o mundo. O som de um passo que se aproxima tem impedido muitos atos de maldade. Uma batida na porta fez com que muitas obras más fossem apressadamente suspensas e apressadamente deixadas de lado. Mas, oh, que loucura miserável é tudo isso! Há uma Testemunha que tudo vê, que nos acompanha aonde quer que vamos. Tranque a porta, baixe a persiana, apague a luz; não importa, não faz diferença; Deus está em toda parte, você não pode fechá-lo, ou impedir que ele veja. "E não há criatura alguma encoberta diante dele; antes todas as coisas estão nuas e patentes aos olhos daquele com quem temos de tratar" (Hebreus 4.13). O jovem José compreendeu-o bem quando a mulher do seu patrão o tentou. Não havia ninguém em casa para os ver, nenhum olho humano para testemunhar contra ele; mas José vivia como se visse aquele que é invisível: "Como pois faria eu tamanha maldade e pecaria contra Deus?" (Gênesis 39.9)

Jovens, peço-vos a todos que leiam o Salmo 139. Aconselho-vos a aprendê-lo de cor. Fazei dele o teste de todas as vossas relações nos negócios deste mundo: dizei frequentemente a vós próprios: "Será que me lembro que Deus me vê?"

Vivei como se estivésseis à vista de Deus. Foi isso que Abraão fez, andou diante dele. Foi o que fez Enoque, andou com ele. É isso que o próprio céu será, a presença eterna de Deus. Não faças nada que não queiras que Deus veja. Não digas nada que não queiras que Deus ouça. Não escrevas nada que não queiras que Deus leia. Não vás a nenhum lugar onde não queiras que Deus te encontre. Não leias nenhum livro do qual não gostarias que Deus dissesse: "Mostra-mo". Nunca gastes o teu tempo de tal forma que não gostasses que Deus dissesse: "Que estás a fazer?"

(4) SEDE DILIGENTES NA PRÁTICA DO VOSSO CRISTIANISMO.

Sede regulares em ir à igreja, sempre que ela estiver aberta para oração e pregação, e estiver em vosso poder comparecer. Sejam regulares na santificação do dia do Senhor e determinem que o dia de Deus entre os sete seja sempre dado ao seu legítimo dono.

Não gostaria de deixar qualquer impressão falsa nas vossas mentes. Não se vão embora e digam que eu vos disse que ir à igreja constituía a totalidade do cristianismo. Não vos direi tal coisa. Não quero que cresçais formalistas e fariseus. Se pensais que o simples fato de levardes o vosso corpo para um determinado edifício, a determinadas horas, num determinado dia da semana, fará de vós um cristão e vos preparará para o encontro com Deus, digo-vos sem rodeios que estais miseravelmente enganados. Todos os cultos sem o serviço do coração são inúteis e vãos. Só são verdadeiros adoradores os que "Adorarão o Pai em espírito e em verdade; porque o Pai procura a tais que assim o adorem" (João 4.23).

Mas as práticas do cristianismo não devem ser desprezadas porque não são salvadoras. O ouro não é alimento, não se pode comê-lo, mas não se diria que é inútil e o deitaríamos fora. O bem-estar eterno da vossa alma não depende certamente das práticas do cristianismo, mas é certo que, sem elas, regra geral, a vossa alma não estará bem. Deus poderia levar todos os que se salvam para o céu num carro de fogo, como fez com Elias, mas não o faz. Poderia ensiná-los a todos por visões, sonhos e intervenções milagrosas, sem exigir que lessem ou pensassem por si mesmos, mas não o faz. E por quê? Porque ele é um Deus que opera por meios, e é sua lei e vontade que em todas as relações do homem com ele sejam usados meios. Ninguém, a não ser um tolo, pensaria em construir uma casa sem escadas e andaimes, e da mesma forma nenhum homem sábio desprezará os meios.

Detenho-me neste ponto, porque Satanás tentará arduamente encher as vossas mentes com argumentos contra as práticas do Cristianismo. Ele chamará a vossa atenção para o número de pessoas que as usam e não são melhores por isso. "Veja lá", ele sussurrará, "você não observa que aqueles que vão à igreja não são melhores do que aqueles que ficam fora?" Mas não te deixes levar por isso. Nunca é justo argumentar contra uma coisa porque ela é usada de forma imprópria. Não é por isso que as práticas do cristianismo não podem fazer bem, porque muitos as praticam e não obtêm nenhum benefício delas. Os remédios não devem ser desprezados porque muitos os tomam e não recuperam a saúde. Ninguém pensaria em deixar de comer e beber porque outros escolhem comer e beber de forma imprópria, e assim ficam doentes. O valor das práticas do cristianismo, como o de outras coisas, depende, em grande medida, da maneira e do espírito com que as usamos.

Detenho-me também neste ponto, por causa da forte ansiedade que sinto para que todo jovem ouça regularmente a pregação do evangelho de Cristo. Não posso dizer-vos quão importante penso que isto é. Com a bênção de Deus, o ministério do evangelho pode ser o meio de converter a vossa alma, de vos conduzir a um conhecimento salvador de Cristo, de vos tornar filhos de Deus em ação e em verdade. Isso seria, de fato, motivo de eterna gratidão. Seria um acontecimento pelo qual os anjos se regozijariam. Mas, mesmo que não fosse esse o caso, há um poder e uma influência restritivos no ministério do evangelho, sob os quais eu desejo sinceramente que todo jovem seja levado. Há milhares que ele afasta do mal, embora ainda não os tenha voltado para Deus — tornou-os membros muito melhores da sociedade — embora ainda não os tenha tornado verdadeiros cristãos. Há um certo tipo de poder misterioso na pregação fiel do evangelho, que tem um efeito sobre multidões que o ouvem sem recebê-lo em seus corações. Ouvir o pecado exposto pelo que é, e a santidade elevada, ouvir Cristo exaltado e as palavras do diabo denunciadas — ouvir o reino dos céus e sua bem-aventurança descritos, e o mundo e seu vazio expostos; ouvir isso semana após semana, domingo após domingo, raramente deixa de ter um bom efeito para a alma. Torna muito mais difícil depois sair correndo e cometer pecados grosseiros. Atua como um controle saudável sobre o coração de um homem. Esta, creio eu, é uma maneira pela qual a promessa de Deus é cumprida: "Assim será a minha palavra, que sair da minha boca; ela não voltará para mim vazia" (Isaías 55.11). Há muita verdade naquela forte frase de Whitefield: "O evangelho evita que muitas pessoas vão para a cadeia e sejam enforcadas, mas não as impede de ir para o inferno".

Deixe-me citar outro ponto que está intimamente ligado a este assunto. Que nada o tente a tornar-se um cristão que não faça todos os esforços para ir à igreja no domingo e tornar esse dia especial para o Senhor. Decida-se a dar todos os seus domingos a Deus. Um espírito de desprezo por este dia está a crescer entre nós com uma rapidez assustadora, e não menos entre os jovens. As férias dominicais, as visitas dominicais, as excursões dominicais, excluindo a frequência à igreja e a honra ao Senhor, estão a tornar-se mais comuns todos os anos do que eram, e estão a fazer um mal infinito às almas.

Jovens, sejam zelosos nesse ponto. Quer vivam na cidade ou no campo, tomem uma atitude decidida; resolvam não faltar à igreja no domingo e à comunhão do povo de Deus. Não deixem que o argumento plausível de "precisar de dormir para descansar o corpo", não deixem que o exemplo de todos os que vos rodeiam, não deixem que o convite de companheiros vos afaste da comunhão e da adoração; não deixem que nenhuma destas coisas vos leve a afastarem-se desta regra estabelecida, de que os domingos são para honra de Deus e para comunhão com o seu povo.

Quando considerares os domingos nada importantes ou nada de especial na tua vida cristã, então acabarás por desistir de cuidar da tua alma. Os passos que levam a essa conclusão são fáceis e comuns. Comece por não honrar o Dia do Senhor, e em breve não honrará o povo de Deus; deixe de honrar o livro de Deus; e com o tempo não dará honra alguma a Deus. Deixe um homem lançar o alicerce de não ter respeito pela adoração a Deus ou pela comunhão dos santos, e eu não me surpreenderei se ele terminar sem Deus. É notável o ditado do juiz Hale: "De todas as pessoas que foram condenadas por crimes capitais enquanto ele estava no banco dos réus, ele encontrou apenas algumas que não confessariam, sob investigação, que começaram sua carreira de maldade por uma negligência da igreja e do povo de Deus".

Rapazes, podeis ter amigos que se esquecem da honra do dia do Senhor; mas decidam, com a ajuda de Deus, que se lembrarão sempre de o manter especial. Honrem-no com uma presença regular em algum lugar onde o evangelho seja pregado. Estabeleça-se sob um ministério fiel e, uma vez estabelecido, deixe que seu lugar na igreja nunca fique vazio. Acreditem em mim, encontrarão uma bênção especial a seguir-vos: "Se desviares o teu pé do sábado, de fazeres a tua vontade no meu santo dia e chamares ao sábado deleitoso e o santo dia do Senhor, digno de honra, e o honrares não seguindo os teus caminhos, nem pretendendo fazer a tua própria vontade, nem falares as tuas próprias palavras, então te deleitarás no Senhor, e te farei cavalgar sobre as alturas da terra e te sustentarei com a herança de teu pai Jacó; porque a boca do Senhor o falou" (Isaías 58.13–14). E uma coisa é certa: os seus sentimentos em relação ao domingo e à comunhão serão sempre um teste e um critério da sua aptidão para o céu. A comunhão e a adoração são uma antecipação e um fragmento do céu. O homem que os considera um fardo e não um privilégio, pode ter certeza de que seu coração precisa de uma grande mudança.

(5) DECIDIR QUE, ONDE QUER QUE ESTEJAS, ORARÁS.

A oração é a respiração vital da alma de um homem. Sem ela, podemos ter um nome para viver, e sermos considerados cristãos; mas estamos mortos aos olhos de Deus. O sentimento de que devemos clamar a Deus por misericórdia e paz é um sinal de salvação; e o hábito de apresentar diante dele as necessidades de nossa alma é uma evidência de que temos o espírito de adoção. E a oração é o caminho indicado para obter o alívio de nossas necessidades espirituais. Ela abre o tesouro e faz fluir a fonte. Se não temos, é porque não pedimos.

A oração é a forma de obter o derramamento do Espírito sobre os nossos corações. Jesus prometeu o Espírito Santo, o Consolador. Ele está pronto para descer com todos os seus preciosos dons, renovando, santificando, purificando, fortalecendo, animando, encorajando, iluminando, ensinando, dirigindo, guiando, em toda a verdade. Mas então ele espera que lhe peçam.

E é aqui, digo-o com tristeza, é aqui que os homens ficam tão miseravelmente aquém. São poucos os que oram: são muitos os que se ajoelham e dizem talvez um formulário, mas poucos os que oram; poucos os que clamam a Deus, poucos os que invocam o Senhor, poucos os que procuram como se quisessem encontrar, poucos os que batem como se tivessem fome e sede, poucos os que lutam, poucos os que se esforçam com Deus para obter uma resposta, poucos os que não lhe dão descanso, poucos os que continuam a orar, poucos os que oram sempre sem cessar e não fraquejam. Sim: poucos são os que oram! É uma das coisas que se assume como natural, mas que raramente se pratica; uma coisa que é da conta de toda a gente, mas que, de fato, quase ninguém faz.

Jovens, acreditem em mim, se a vossa alma quer ser salva, têm de orar. Deus não tem filhos mudos. Se quereis resistir ao mundo, à carne e ao demónio, deveis orar: é em vão procurar forças na hora da provação, se não as tiverdes procurado. Podeis ser atirados para junto daqueles que nunca o fazem, podeis ter de dormir no mesmo quarto que alguém que nunca pede nada a Deus, mas, lembrai-vos, tendes de orar.

Posso acreditar que vos seja difícil fazê-lo, que tenham dificuldades com as oportunidades de orar, com as horas de orar, com os lugares de orar. Não me atrevo a estabelecer regras demasiado rígidas sobre estes pontos. Deixo-as à vossa própria consciência. Deveis guiar-vos pelas circunstâncias. Nosso Senhor Jesus Cristo orou numa montanha; Isaac orou nos campos; Ezequias virou o rosto para a parede enquanto estava deitado em sua cama; Daniel orou à beira do rio; Pedro, o Apóstolo, no telhado da casa. Já ouvi falar de jovens que oravam em estábulos e palheiros. Tudo o que eu defendo é o seguinte: deveis saber o que é "entra no teu aposento e, fechando a tua porta, ora a teu Pai que está em oculto" (Mateus 6.6). Tem de haver momentos em que tem de falar com Deus cara a cara, tem de ter todos os dias os seus momentos de oração — tem de orar.

Sem isso, todos os meus conselhos são inúteis. Esta é a peça da armadura espiritual que Paulo nomeia em último lugar na sua lista, em Efésios 6, mas que na verdade é a primeira em valor e importância. É o alimento que devemos comer diariamente, se quisermos atravessar com segurança o deserto desta vida. É somente com essa força que avançaremos em direção ao monte de Deus. Ouvi dizer que algumas pessoas que trituram metal usam, por vezes, um bocal magnético no seu trabalho, que apanha todo o pó fino de metal que voa à sua volta, impedindo-o de entrar nos seus pulmões, e assim salvam as suas vidas. A oração é o bocal que deveis usar continuamente, caso contrário, nunca trabalhareis sem ser ferido pela atmosfera insalubre deste mundo pecaminoso. Deveis orar.

Jovens, estejam certos de que nenhum tempo é tão bem gasto quanto aquele que um homem passa de joelhos. Arranjem tempo para isso, seja qual for a vossa situação. Pensem em David, rei de Israel: o que é que ele diz? "De tarde e de manhã e ao meio dia orarei; clamarei e ele ouvirá a minha voz" (Salmo 55.17). Pense em Daniel. Ele tinha todos os assuntos de um reino nas suas mãos; no entanto, orava três vezes por dia. Veja aí o segredo da sua segurança na ímpia Babilónia. Pense em Salomão. Ele começou seu reinado com orações pedindo ajuda e assistência, e daí sua maravilhosa prosperidade. Pensem em Neemias. Ele conseguia encontrar tempo para orar ao Deus do céu, mesmo quando estava na presença de seu mestre, Artaxerxes. Pensai no exemplo que estes bons homens vos deixaram, e ide e fazei o mesmo.

Que o Senhor vos dê todo o espírito de graça e de súplica! "Não chamarás por mim, dizendo: Pai meu, tu és o guia da minha mocidade?" (Jeremias 3.4). Consentiria de bom grado que toda esta mensagem fosse esquecida, se ao menos esta doutrina da importância da oração pudesse ser gravada nos vossos corações.

5.

CONCLUSÃO

E agora apresso-me a chegar a uma conclusão. Disse coisas que muitos talvez não gostem e não recebam; mas apelo às vossas consciências: não são verdadeiras?

Jovens, todos vós tendes consciência. Corrompidos e arruinados pela queda como somos, cada um de nós tem uma consciência. Num canto de cada coração há uma testemunha de Deus, uma testemunha que condena quando fazemos o mal, e aprova quando fazemos o bem. A essa testemunha dirijo hoje o meu apelo: não são verdadeiras as coisas que tenho estado a dizer?

Ide, pois, jovens, e decidi-vos hoje a recordar o vosso Criador nos dias da vossa juventude. Antes que o dia da graça tenha passado, antes que a vossa consciência se tenha tornado endurecida pela idade e amortecida por repetidos atropelos, enquanto tendes força, tempo e oportunidades, ide e uni-vos ao Senhor numa aliança eterna que não será esquecida. O Espírito nem sempre se esforçará. A voz da consciência tornar-se-á cada vez mais fraca a cada ano que continuardes a resistir-lhe. Os atenienses disseram a Paulo: "Acerca disso te ouviremos outra vez", mas já o tinham ouvido pela última vez (Atos 17.32). Apressa-te e não te demores. Não te demores e não hesites mais.

Pensai no conforto indizível que dareis aos pais, parentes e amigos, se seguirdes o meu conselho. Eles gastaram tempo, dinheiro e saúde para te criar e fazer de ti o que és. Sem dúvida que merecem alguma consideração. Quem pode saber a alegria e o regozijo que os jovens têm em seu poder de dar? Quem pode dizer a ansiedade e a tristeza que filhos como Esaú, Hofni, Fineias e Absalão podem causar? Na verdade, Salomão diz: "O filho sábio alegra a seu pai, mas o filho louco é a tristeza de sua mãe" (Provérbios 10.1). Considera estas coisas e dá a Deus o teu coração! Que não se diga de ti, no fim, como se diz de muitos, que a tua "juventude foi uma desordem, a tua virilidade uma luta e a tua velhice um arrependimento".

Pense no bem que você poderia estar fazendo para o mundo. Quase todos os santos eminentes de Deus buscaram o Senhor cedo. Moisés, Samuel, Davi, Daniel, todos serviram a Deus desde a juventude. Deus parece deleitar-se em dar honra especial aos jovens servos; e pensem no que poderíamos esperar, se os jovens de nossos dias consagrassem a primavera de suas vidas a Deus? Atualmente, são procurados obreiros em quase todas as grandes e boas causas, e não são encontrados. Existe tecnologia de todo tipo para espalhar a verdade, mas não há pessoas para fazê-la funcionar.

O dinheiro é mais facilmente obtido para fazer o bem do que os homens. Procuram-se ministros para novas igrejas, missionários para novos campos, professores para a Escola Dominical, muitas boas causas estão paradas apenas por falta de obreiros. A oferta de homens piedosos, fiéis e dignos de confiança, para cargos como os que mencionei, está muito abaixo da demanda.

Jovens dos dias de hoje, sois procurados por Deus. Esta é uma época de atividade. Estamos a libertar-nos de algum do nosso egoísmo do passado. Os homens já não dormem o sono da apatia e da indiferença em relação aos outros, como faziam os seus antepassados. Começam a envergonhar-se de pensar como Caim: "Sou eu o guardião do meu irmão?" Um vasto campo de utilidade está aberto diante de vós, se apenas estiverdes dispostos a entrar nele. A colheita é grande, mas os trabalhadores são poucos. Sede zelosos de boas obras. Vinde, vinde em auxílio do Senhor contra a maldade desta época.

Isso é, de certa forma, ser como Deus, não apenas bom, mas fazendo o bem (Salmo 119.68). É assim que seguimos os passos do nosso Senhor e Salvador: "O qual andou fazendo bem e curando a todos os oprimidos do diabo" (Atos 10.38).

E quem pode duvidar que é este o caminho que torna bela uma alma imortal? Quem não prefere partir deste mundo como Josias, desgostoso para todos, a partir como Jeorão, "sem pesar para ninguém"? (2 Crónicas 21.20). É melhor ser ocioso, frívolo, viver para seu corpo, seu egoísmo, suas luxúrias e seu orgulho, ou gastar e ser gasto na gloriosa causa da utilidade para seus semelhantes — ser uma bênção para seu país e para o mundo, ser o amigo do prisioneiro e do cativo, ser o pai espiritual de centenas de almas imortais em terras pagãs, ser uma luz ardente e brilhante, uma epístola de Cristo, conhecida e lida por todos os homens, a inspiração de todos os corações cristãos que cruzam o vosso caminho? Oh, quem pode duvidar? Quem pode, por um momento que seja, duvidar?

Jovens, considerem as vossas responsabilidades. Pensem no privilégio e no luxo de fazer o bem. Resolvam hoje ser úteis. Entregai imediatamente os vossos corações a Cristo.

Pensem, por fim, na felicidade que virá à vossa própria alma, se servirem a Deus, felicidade enquanto percorrem a vida, e felicidade no fim, quando a viagem terminar. Acreditai em mim, quaisquer que sejam as noções vãs que tenhais ouvido, acreditai em mim, há uma recompensa para os justos, mesmo neste mundo. A piedade tem de fato a promessa desta vida, bem como da que está para vir. Há uma paz sólida quando sentimos que Deus é nosso amigo. Há uma satisfação real em saber que, por mais indignos que sejamos, estamos completos em Cristo, que temos uma porção duradoura, que escolhemos a parte boa que não nos será tirada.

O desviado de coração pode muito bem contentar-se com os seus próprios caminhos, mas "o homem bom se fartará de si mesmo" (Provérbios 14.14). O caminho do homem mundano fica cada vez mais escuro a cada ano que passa; o caminho do cristão é como uma luz brilhante, cada vez mais brilhante até o fim. O seu sol está apenas a nascer quando o sol do mundano se põe para sempre; as suas melhores coisas estão todas a começar a florescer e a florescer para sempre, quando as do mundano estão todas a escorregar das suas mãos e a passar.

Jovens, estas coisas são verdadeiras. Escutai a palavra de exortação. Sede persuadidos. Tomai a cruz. Segui a Cristo. Entregai-vos a Deus.

6.

SOBRE O AUTOR

John Charles Ryle, mais conhecido como J. C. Ryle, foi um influente clérigo anglicano e o primeiro bispo de Liverpool. Nascido em uma família rica, Ryle recebeu uma educação privilegiada em Eton e Oxford, onde se destacou nos esportes, especialmente no remo. No entanto, foi sua conversão ao cristianismo em 1837 que marcou uma mudança significativa em sua vida. Ele relatou que a leitura de Efésios 2.8, durante um período de grave doença, foi instrumental em sua conversão.

Primeiros anos e educação

Ryle foi criado em um ambiente próspero, mas a falência do banco de seu pai em 1841 mudou drasticamente suas circunstâncias financeiras. Originalmente interessado em uma carreira política, ele decidiu seguir o ministério, sendo ordenado em 1841. Seu primeiro cargo foi como curado em Exbury, Hampshire. Em 1843, ele se tornou reitor de St. Thomas, Winchester, e posteriormente de Helmingham, Suffolk.

Carreira Pastoral

Ryle era conhecido por sua pregação clara e direta, com um forte compromisso com os princípios evangélicos. Ele começou a escrever e publicar folhetos e livros populares, muitos dos quais ainda são amplamente lidos hoje. Entre suas obras mais conhecidas estão os "Expository Thoughts on the Gospels", uma série de comentários bíblicos que visam tornar as Escrituras acessíveis a todos.

Em 1880, Ryle foi nomeado o primeiro bispo de Liverpool, uma diocese recentemente criada. Durante seu episcopado, ele se dedicou à construção de igrejas e ao treinamento de missionários para atender às crescentes áreas urbanas. Seu estilo de liderança era marcado por um compromisso inabalável com a ortodoxia bíblica e a evangelização.

Contribuições literárias

Ryle foi um autor prolífico, escrevendo sobre uma ampla gama de temas teológicos e pastorais. Suas obras são conhecidas por sua clareza, simplicidade e profundo entendimento bíblico. Ele também escreveu biografias de figuras importantes da Reforma Protestante, enfatizando a importância da doutrina e da piedade pessoal.

Vida pessoal e legado

Ryle se casou três vezes e teve cinco filhos. Seu primeiro casamento foi com Matilda Charlotte Louisa Plumptre, que faleceu em 1847. Ele se casou novamente com Jessie Elizabeth Walker, que morreu em 1860, e finalmente com Henrietta Legh Clowes. Ryle enfrentou muitas adversidades pessoais, incluindo a morte de seus filhos e esposas, mas sua fé permaneceu firme.

Ryle se aposentou em 1900 e faleceu no mesmo ano. Ele deixou um legado duradouro através de seus escritos, que continuam a influenciar a igreja anglicana e os cristãos em todo o mundo. J. C. Ryle é lembrado como "o homem de granito com o coração de uma criança", uma descrição que reflete sua firmeza doutrinária e compaixão pastoral. Seu impacto no cristianismo evangélico é profundo, e suas obras continuam a ser uma fonte de inspiração e orientação espiritual.

Linha do tempo de J. C. Ryle

- **10 de maio de 1816:** Nasce em Macclesfield, Inglaterra.
- **1834:** Ingressa em Eton College para sua educação inicial.
- **1836:** Matricula-se na Universidade de Oxford, onde se destaca nos esportes, especialmente no remo.
- **1837:** Experiência de conversão ao cristianismo durante uma grave doença, após ler Efésios 2.8.
- **1841:** Ordenado ao ministério anglicano e começa a servir em Exbury, Hampshire.
- **1843:** Torna-se reitor de St. Thomas, Winchester.
- **1844:** Publica seus primeiros folhetos e escritos religiosos, ganhando

reconhecimento por sua pregação clara e direta.

- **1861:** Nomeado reitor de Helmingham, Suffolk, onde continua a publicar seus escritos e se torna conhecido por seus comentários bíblicos.
- **1879:** Publica "Expository Thoughts on the Gospels", uma série de comentários que se tornam amplamente lidos e influentes.
- **1880:** Nomeado o primeiro bispo de Liverpool, dedicando-se à construção de novas igrejas e ao trabalho missionário nas áreas urbanas em crescimento.
- **1884:** Publica "Holiness", uma de suas obras mais influentes sobre a vida cristã e santidade.
- **1898:** Publica "Practical Religion", abordando aspectos práticos da vida cristã.
- **1900:** Aposenta-se do episcopado e falece em Lowestoft, Inglaterra, em 10 de junho.

ESPAÇO PARA ANOTAÇÕES